U0899293

二十四史研究資料叢刊

清史稿點勘札記

馬宗霍 撰

中華書局

圖書在版編目(CIP)數據

清史稿點勘札記/馬宗霍撰. -北京:中華書局,2012.11
(二十四史研究資料叢刊)
ISBN 978-7-101-08845-8

Ⅰ.清… Ⅱ.馬… Ⅲ.①中國歷史-清代-紀傳體
②《清史稿》-校勘 Ⅳ.K249.042

中國版本圖書館 CIP 數據核字(2012)第 185627 號

責任編輯:張繼海

二十四史研究資料叢刊
清史稿點勘札記
馬宗霍 撰
*
中華書局出版發行
(北京市豐臺區太平橋西里 38 號 100073)
http://www.zhbc.com.cn
E-mail:zhbc@zhbc.com.cn
北京瑞古冠中印刷廠印刷
*
850×1168 毫米 1/32 · 11¾印張 · 2 插頁 · 200 千字
2012 年 11 月第 1 版 2012 年 11 月北京第 1 次印刷
印數:1-2000 冊 定價:36.00 元

ISBN 978-7-101-08845-8

整理前言

我的父親于一九五八年來到北京。大約是五九年或六〇年，中華書局請他點校《清史稿》。當時我家在東裱背胡同二十九號租了一間半房，父母住在一間房的東部，我和弟弟住在西部，中間隔一布簾而已。外面半間其實是一個過廳，旁邊有門，北側是樓梯的底部。這半間是餐廳，樓梯底部住着保姆，管伙食，買菜是媽媽的事。父親説寓居湫隘，無地可容，實在得很。

書送來以後，都放在寫字櫃下面的地板上，點完後即送走。後聞書局在此基礎上又復加以新式標點，又請人校閲一過。一九七七年中華書局的點校本《清史稿》出版時，父親已于前一年九月去世。

一九六二年，我家從長沙徹底搬來，很多書放在香山下一位農民兄弟家，直到在西城區前王公廠（「文化大革命」中改名光彩胡同二十七號）找到住房後，家中住得寬敞一些，父親遂在一九七四年利用家中所藏的關内本寫成這本《點勘札記》。

關内本和中華書局的點校本比起來，顯然錯誤更多一些，因此，這本札記的某些内容對於點校本而言已無意義，但還是有不少地方可以訂正點校本的錯誤。例如：

《仁宗本紀》：十二年五月丙寅，「增定河工料價」，「定河」上當有「永」字，點校本未補。

《天文志十四》：「行入濁，有聲」，按「濁」當作「噣」，下同，點校本誤作「蜀」。

《地理志十六》：「改長河、西魚、通甯遠宣慰司爲打箭鑪廳」，「通」下脱「安」字，點校本脱「甯」字。

《列傳八十一》：「不論鹽當紳民」，「當」應作「商」。

《疇人傳一》：「諸應皆從以起算」，「以」當作「此」。

《列傳二百八十九》：「鄧石如，初名琰，避仁宗諱，遂以字行」，今點校本脱「琰」，標點作「初名避仁宗諱」，實誤。

以上數例，足可見這本《清史稿點勘札記》的價值。故本書對所有讀《清史稿》的人，無論哪一個版本，都將有所裨益。

需要説明的是，在札記正文中，起首的黑體字頁碼爲關内本的頁碼，每條末尾括注的仿宋體頁碼和行數是中華書局點校本的頁碼和行數，後者是我在整理時補加的，以方便讀者參看。

馬　志　謙

二〇一二年六月

序

清史館設立于民國三年甲寅，至十七年戊辰之夏而《清史稿》全部告成。其間編纂經過，詳見朱師轍《清史述聞》，校刊始末，畧具金梁《清史稿校刻記》。當全稿付印時，金梁既負校刻之責，頗有偷改人稿之事，初無知者，後經發覺，乃有抽改之舉，由是有關内、外本之别。余所藏者爲關内本，上等毛邊紙印，即世所稱正本也，而關外本則或以僞本目之。一九五八年，余移家來京，中華書局欲事重印，請余點校一過，余以此稿體例非善，文字煩冗無剪裁，殊不耐觀，且史所重者爲史實，又無别本可資參考，書局雖曾將《清實録》送來，以卷帙繁重，余寓居湫隘，無地可容，兼以他處欲借，旋即攜去，故余但允點而不校。近聞書局已加新式標點，即用余初點本爲底本。兹將余點閲時字句之間遇有可疑用朱筆識之於書眉者，遂録于左。

一九七四年春　馬宗霍

目録

本紀……一
志……一五
列傳……一九三

本紀一

太祖本紀

三頁上 丁亥春正月……始建宮室，布教令……立法制（四頁十一行）

按清太祖實録，定國政、立法制在丁亥夏六月壬午，此叙在春正月下，六月前，與實録不符。

三頁上 六月……命額亦都帥師取把爾達城，太祖攻洞城（四頁十一至十二行）

按：命額亦都取把爾達城，實録叙在秋八月以後，攻洞城亦然，此皆在六月下，亦不符。

三頁上 戊子……秋九月，取完顔城、王甲城（四頁十四行）

按太祖實録，戊子九月，衹有取王甲城事，無完顔城。

八頁下 天命八年夏四月……昂安攜拏遁（十四頁十二行）

按：拏當作孥。

本紀二

太宗本紀一

十五頁上至十五頁下 天聰八年五月……察哈爲我軍所敗（四五頁十三行）

按：察哈下當有爾字。

本紀三

太宗本紀二

十一頁上 崇德六年五月己丑，遣希福等閱錦州屯營、濠塹（七三頁九行）

按：濠當作壕。

本紀四

世祖本紀一

五頁下 順治元年十月……嗣後永行除轄（九一頁二行）

按：轄當作豁，下文三轄字誤同。

五頁下 二年四月……以太宗第八女固倫公主下嫁科爾沁士謝圖親王巴達禮子巴雅斯護朗（九五頁四至五行）

按：士當作土。

八頁上　五月壬午，朔，河道總督楊方興進瑞黍（九五頁六行）

按：黍當作麥。

八頁下　忻城伯趙子龍（九五頁十二至十三行）

按：子當作之。

九頁上　己卯，詔曰……幅隕既廣（九六頁十一行）

按：隕當作員。

本紀五

世祖本紀二

四頁上　八年九月……俄羅塞臣爲都察左都御史（一二六頁十四至十五行）

按：都察下脱院字。

十二頁下　十二年六月……桂王將劉文秀寇常德（一四二頁二至三行）

按：桂王上當有明字。

十三頁上　出鎮典官（一四二頁五行）

按：官當作軍。

十七頁下　十四年十月……甲午，順天同考李振鄴等（一五〇頁七行）

按：同考下當有官字。

十九頁下　十六年春正月甲午，桂王將譚文犯重慶（一五四頁六行）

按：桂王上當有明字

十九頁下　八月……宜永貴爲安徽巡（一五六頁五行）

按：巡下當有撫字。

二十四頁下　十八年春正月壬子，上不豫……丁巳，崩於養心殿，遺詔……上下情誼丕塞（一六一頁十三行至一六三頁五行）

按：丕當作否。

本紀六

聖祖本紀一

五頁下　康熙七年四月庚辰，浙江嘉善民郁之章有罪遣戍，其子褎、廣叩閽請代

按：闇當作閽。（一七六頁三行）

本紀七

聖祖本紀二

六頁下　二十五年四月……戊申，調萬正色雲南提督（二二〇頁五行）

按：雲南上當有爲字。

十四頁下　三十一年三月……大總士馮溥卒（二三五頁三行）

按：總當作學。

二十四頁上　三十九年九月，范成動等九人撤回（二五四頁十行）

按：撤當作撤。

二十五頁上　四十年四月，……閱丁牙河（二五六頁六行）

按：丁當作子。

本紀八

聖祖本紀三

三頁上　四十二年冬十月癸未……御吏顧素（二六三頁十二行）

按：吏當作史。

八頁上　四十七年六月……朱三父子不可留，緣坐可改流徙（二七三頁十二至十三行）

按：留當作宥，徒當作徙。

十九頁下　五十八年八月……築城設跕（二九七頁九行）

按：跕當作站。

本紀九

本紀十

高宗本紀一

三頁上　雍正十三年八月己丑，世宗崩，九月己亥，高宗即位，尚未改元，十月己未……董芳、元展成、德希壽褫職逮間（三四六頁十一行）

按：間當作問

四頁上　乾隆元年三月……孝惠皇后專謚（三四八頁十二行）

按：專當作尊。

五頁下　十一月……以額爾圖爲黑龍將軍（三五一頁五行）

按：黑龍下當有江字。

六頁下　二年五月……甲戌，以御門聽政（三五三頁六行）

按：甲戌上當有六月二字。

八頁下　三年二月壬子……張照爲湖南巡撫（三五六頁十五行）

按：照當作渠，是時張照在南書房，並未外任。

二十一頁上　八年十一月，賑安徽無爲水災（三七八頁八行）

按：十一月下疑當有某日。

二十三頁下　十年春正月丙子（三八二頁三行）

按：十年以下當提行別起。

本紀十一

高宗本紀二

六頁上　十三年二月乙亥，免直隸、山東經過直隸山東州縣額賦十分之三（三九

六頁十行）

按：經過下直隸山東四字重出，當刪。

十六頁下　十六年十月，免山東官臺二場竈潮災（四一三頁十五行）

按：免當作賑。

本紀十二

高宗本紀三

一頁上　二十一年春正月……貽喀爾喀親王（四三三頁正文一至二行）

按：貽字疑誤衍。

四頁上　二十二年二月……丁卯，上奉太皇后渡河（四三八頁十三行）

按：太皇二字誤到。

十五頁下　二十七年三月……庚子，免江浙節年未完地丁屯餉、漕項（四五九頁二行）

按：節年疑當作歷年。

本紀十三

本紀十四

高宗本紀五

四頁上 四十二年二月……甲辰，諭：二十七日内停止元旦朝賀（五〇八頁十至十一行）

按：二十七日當作二十七月。

九頁上 四十五年冬十月戊申，定李侍堯斬監侯（五一八頁三行）

按：侯當作候。

十一頁上 四十六年十二月……庚寅，畢沅以御史錢澧劾降三品頂戴留任（五二一頁八至九行）

按：澧當作灃，下文同。

本紀十五

高宗本紀六

十五頁下　六十年閏二月……戊申，福康安奏解松桃脂圍（五六一頁十三行）

按：脂當作之。

同頁　冬十月辛卯、壬辰，以額勒登保、德楞泰勦捕苗匪奮勇，授内大臣（五六四頁十至十一行）

按：辛卯、壬辰兩日連書，疑有誤。

本紀十六

仁宗本紀

四頁上　四年春正月（五七三頁十四行）

按：四年下當有己未二字。

六頁上　十一月甲子，故超勇公海蘭察子公安禄於四川勦賊陣亡，詔優卹之，名

其子恩特赫默扎拉芬，襲超勇公（五七七頁七至八行）

按：清仁宗實録卷五十四云，安禄新生一子，賜名恩特赫默扎拉芬，命襲公爵，此處當作賜其子名恩特赫默扎拉芬，詞意乃顯。

六頁上 戊寅……賞額勒登額銀一萬兩（五七七頁八至九行）

按：據上文，登額當作登保。

十一頁上 八年冬十月壬申，琅玕奏獲首犯恒乍綳，猓猓匪平（五八七頁四行）

按：猓當作猓。

十三頁上 十一年春正月壬子，海盜蔡掌陷鳳山縣（五九一頁三行）

按：掌當作牽。

十四頁上 十二年五月丙寅，增定河工料價（五九三頁七行）

按：定河上當有永字。

同頁 六月乙未，禁督撫幕友朦保入官（五九三頁九行）

按：朦當作矇。

十六頁上 十五年丙子（五九七頁十五行）

按：年下當有庚午春正月五字。

同頁下 十月甲午，江南高堰、山盱兩隄決壩（五九八頁十四行）

按：山盰，河渠志作山盱。

二十四頁上 二十四年八月……予告大學士威勒伯勒保卒（六一四頁九行）

按：威勒當作威勤。

本紀十七

宣宗本紀一

五頁上 道光二年夏四月辛未，上孝敬憲皇后、孝聖憲皇后、高宗純皇帝、孝賢純皇后、孝儀純皇后尊謚，藏册寶於太廟、盛京太廟，並藏仁宗睿皇帝、孝淑睿皇后册寶於盛京太廟（六二四頁十五行至六二五頁一行）

按：上孝敬憲皇后等尊謚，已見上文嘉慶二十五年十二月癸巳，此處重出。又按宣宗實録，道光元年四月丙申，上詣太廟東甎門外綵幄，恭閲仁宗睿皇帝、孝淑睿皇后玉册玉寶，入太廟前殿行禮，親奉藏於后殿，亦与此異。

本紀十八

宣宗本紀二

二頁上 十一年冬十月乙未，命截留江西漕米八萬石賑南昌、九江飢民（六五三頁十行）

按：乙未以下十九字重出當删。

本紀十九

宣宗本紀三

四頁下 二十二年六月……己丑、辛卯以文慶爲庫倫辦事大臣（六八七頁八至九行）

按：己丑二字誤衍。

七頁上 二十四年二月……癸丑、甲寅（六九二頁十三行）

按：癸丑、甲寅兩日連書，与乾隆六十年十月辛卯、壬辰連日同，如有兩事，則應分別繫之。

十一頁下　二十七年八月……賽什勒雅泰自殺（七〇一頁五行）

按：勒雅二字當乙轉。

本紀二十

文宗本紀

四頁上　咸豐元年八月乙卯，賽尚阿奏進勦新墟賊巢，奪跕猪仔峽（七一七頁九行）

按：跕當作占。

十一頁上　四年二月……曾國藩疏請前巡撫楊健之孫楊江捐銀二萬兩，准楊健入祀鄉賢祠，得旨：楊健係休致之員，鄉賢鉅典，非可以捐納得之。曾國藩不應遽爲陳請，下部議處。軍興以來，鬻空事棘，而帝於名器猶慎之如此（七二九頁七至十行）

按：本紀體裁，不應於叙事中參議論，此處軍興以來云云三句不合體，當删。

十一頁下　三月辛丑，命……桂良台禄帶馬步兵千五百駐防德州（七二九頁十五行至七三〇頁一行）

按：台當作善。

十八頁上　六年十二月癸卯，以湖南官軍勦除湖北崇、通賊匪，加候選道王鑫按

察使銜（七四一頁七行）

按：鑫當作鑫[一]。

二十頁上 七年十一月……邱聯恩敗賊於浙川（七四五頁六行）

按：浙當作淅。

本紀二十一

本紀二十二

穆宗本紀二

十一頁下 同治十三年十二月甲戌，李經羲病免（八四八頁五行）

按：經當作宗。

〔一〕 古文珍字。

本紀二十三

德宗本紀一

八頁上 光緒五年八月壬子，致仕學大士單懋謙卒（八六五頁一行）

按：學大二字當乙轉。

十八頁下 十一年八月乙酉，左宗棠卒，晉太傅（八八五頁三行）

按：晉當作贈。

十九頁下 十二年六月丙子，醇親王暨王大臣等合祠疏請皇太后仍訓政（八八七頁二至三行）

按：祠當作詞。

二十三頁下 十五年夏四月辛卯，賞湖南按察使薛福辰三品京堂（八九四頁六至七行）

按：辰當作成。

本紀二十四

德宗本紀二

一頁上　二十一年春正月庚寅……諭張之洞、松椿防海、贛、清江水陸要衝，保淮通運（九一一頁正文一至四行）

按清德宗實録，保字下有清字。

三頁上　九月……揭揚、潮陽、普甯等縣地震（九一五頁五行）

按：揭揚當作揭陽。

十四頁上　二十六年庚子七月己未，德、奥、美、法、英、義、日、俄八國聯兵陷京師。庚申，上奉皇太后如太原，行在貫市。壬戌，次懷來。命榮禄、徐桐、崇綺留京辦事（九三四頁十一至十三行）

按：故宫博物院文獻館所藏光緒二十六年留京辦事大臣電奏稿摺，其後署名者爲崑崇、敬裕、溥納阿陳、徐桐諸人，与此所載有出入。

本紀二十五

宣統皇帝本紀

五頁上 宣統元年五月己巳，唐紹怡免奉天巡撫（九七四頁四行）

按：唐紹怡，德宗本紀作唐紹儀，此改儀爲怡，蓋避宣統帝名之諱耳，然易代修史，避之無謂。民國改元以後，一班清室遺老凡作詩文，皆奉諱惟謹，刻書者如劉翰怡輩，遇儀字必缺筆作儀，尤可笑。

十三頁上 二年十二月，以江都併入甘泉（九八七頁十五行）

按：當作甘泉併入江都。

同頁 新湯併入容山（九八七頁十五行）

按：湯當作陽，容當作崑。

十七頁上 三年五月甲子，内閲上内閣屬官官制、法制院官制，詔頒布之（九九三頁十行）

按：内閲，閲字當作閣。

天文志二

三頁上四行　用法，測兩擢（一〇三八頁十行）

按：擢當作曜。

三頁下一行　用法，旋緯儀（一〇三九頁四行）

按：旋下當有轉字。

天文志十一

三頁上二行　康熙元年（一三八三頁八行）

按：康熙以下應提行别起。

六頁下四行　三十二年庚申（一三八九頁十五行）

按：年下當有正月二字。

八頁下八行　火、金、水聚壽星（一三九二頁七行）

按：聚下當有於字。

十二頁上十一行　乙巳，士（一三九六頁四行）

按：士當作土。

十九頁上一行　土、金、水聚於亢枵（一四一一頁十三行）

按：亢當作元，本字當作玄，避清聖祖諱，凡玄字多以元代之。

十九頁下八行　庚申，土、金同躔室（一四一三頁二至三行）

按：室下當有某度二字。

天文志十二

一頁下八行　次于胃申（一四一六頁八行）

按：申字誤衍。

二頁上九行　辰時，日食三分强太（一四一七頁七行）

按：强太二字當乙轉。

三頁上八行　太白距填於星昴（一四一八頁十五行）

按：於星二字誤到。

三頁下十行　八月辛亥，距熒火於亢（一四一九頁十五行）

按：火當作惑。

五頁上十二行　辰星距歲於柳（一四二二頁十五行）

按：歲下當有星字。

五頁下三行　距辰於虚（一四二三頁四行）

按：辰下當有星字。

五頁下十行　距填於壁（一四二三頁十一行）

按：填下當有星字。

六頁下七行　距填於亢（一四二五頁六行）

按：填下當有星字。

七頁上十三行　距歲於鬼（一四二六頁十四行）

按：歲下當有星字

天文志十三

三頁下七行　十二年六月己酉兼格氣（一四三八頁一行）

按：格當作抱。

四頁上十三行　七月丙子，辰辰（一四三九頁十行）

按：上辰字當作壬。

四頁下九行　丙申，甲庚（一四四〇頁四行）

按：庚當作辰。

六頁上四行　戊子兼珥兩（一四四二頁十行）

按：珥、兩二字當乙轉。

十二頁下四行　第一字寅，　**下五行**　第一字丁（一四五三頁十四行六月丁巳至十五行九月庚寅）

按：寅、丁兩字當互易。

十四頁上五行　六年辛巳朔（一四五七頁二行）

按：年當作月。

天文志十四

一頁上五行　太祖丁未年九月丙申，慧星見（一四六七頁正文一行）

按：慧當作彗，下同。

二頁下八行　行入濁，有聲（一四七〇頁六行）

按：濁當作噣，下同。

七頁下五行　丁卯二更，下婁宿（一四七八頁十二行）

按：下當作出。

八頁上三行　五月甲戌二更，出天江（一四七九頁九行）

按：江當作津。

八頁下十行　出畢宿，下列（一四八〇頁十二至十三行）

按：列當作行。

九頁上一行　更，出閲道（一四八一頁一行）

按：閲當作閣。

十頁〔一〕十三行　有白氣自西南西至東北（一四八三頁九行）

按：南下西字誤出。

十一頁下三行　東南雲一道（一四八五頁六行）

按：雲上疑脱一字。

災異志一

一頁下十一行　宜都大雪，樹，飛鳥墜地死（一四八八頁十三至十四行）

按：樹下疑脱一折字。

四頁上十三行　後日後（一四九三頁十二行）

〔一〕十頁下當有「上」字。

按：上後字當作數。

五頁上九行　如栲栲者甚多（一四九五頁五至六行）

按：下栲當作栳，栲不成字。

五頁下八行　二月，要陸雨雹（一四九六頁二行）

按：要當作安。

六頁上二行　大者經尺（一四九六頁九行）

按：經當作徑。

七頁上十三行　體縣大雨雹（一四九八頁十五行）

按：體疑當作醴。

七頁下十二行　大者經尺（一四九九頁十行）

按：經當作徑。

八頁上六行　死者相枕籍（一五〇〇頁二行）

按：籍當作藉。

八頁上十二行　三十年（一五〇〇頁八行）

按：三當作五。

九頁下十三行　禾稼盡（一五〇三頁一行）

按：蟲下當有傷字。

十頁上七行　階州大雷雹、雨雹如注（一五〇三頁八行）

按：雷雹疑當作雷電。

十一頁上十二行　六年正，南樂迅雷（一五〇五頁九行）

按：正下當有月字。

十三頁下十一行　海寧濱有魚長二十餘丈（一五〇九頁十行）

按：濱上當有海字。

十四頁上六行　大者重五六觔（一五一〇頁三行）

按：五六觔不得爲巨魚，六下疑當有十字。

十四頁下二行　太平、苛嵐蝗（一五一〇頁十二行）

按：苛當作岢。

十四頁下九行　合肥、漂水大旱，蝗（一五一一頁五行）

按：漂當作溧。

十四頁下十三行　日照、陶、菏澤蝗（一五一一頁九行）

按：陶上疑當有定字。

十六頁上五行　有蟲如蠡，附放蝗背（一五一三頁十行）

按：放當作於。

十七頁上二行　甯津旱，蝗傷（一五一五頁四行）

按：傷下疑當有稼字。

十七頁上七行　樂清民豕生象（一五一五頁十二行）

按：民下疑當有家字。

十七頁上八行　黄山石民豕生象（一五一五頁十二行）

按：山、石二字疑是岩字誤分爲二，黄岩，縣名。民下當有家字。

十八頁下三行　定海、舟山龍起（一五一八頁一行）

按：舟山字疑是舟、山二字誤合爲一，舟山，縣名。

十九頁下七行　順治八年（一五二〇頁四行）

按：順治以下當提行。

二十三頁上九行　靡永鉗陳氏一産三男（一五二五頁十行）

按：永鉗下當有妻字。

二十四頁下五行　漂水疫（一五二七頁十四行）

按：漂當作溧，下文同。

二十五頁上一行　藩圻大疫（一五二八頁九行）

按：藩當作蒲。

二十五頁上十二行　上海大海（一五二九頁三行）

按：大海當作大疫。

二十五頁下一行　青蒲大疫（一五二九頁五至六行）

按：蒲當作浦。

二十六頁上七行　永吉茄疫（一五三〇頁九行）

按：吉茄二字當是嘉字誤分爲二。永嘉，縣名。

二十六頁下五行　望都、象北縣大疫（一五三一頁四行）

按：象、北二字疑是蠡字誤分爲二而又誤蚰爲北，蠡爲縣名。

二十七頁上二行　駕岩天鼓鳴（一五三一頁十五行至一五三二頁一行）

按：駕疑當作黄。

二十七頁下五行　聞聲數十里（一五三三頁三行）

按：聞聲二字當乙轉。

二十七頁下八行　青蒲星隕，墜地有聲（一五三三頁七行）

按：蒲當作浦。

二十八頁上三行　長星落，有聲如雷（一五三四頁一行）

按：長星未詳。

二十九頁下五行　鹽城粟海溢（一五三七頁一行）

按：粟不成字，疑誤衍或誤字。

三十一頁上十二行　蒲圻、公高苑（一五三九頁十五行）

按：公下疑脱安字。

三十一頁下八行　黄徒（一五四〇頁九行）

按：徒當作陂。

三十二頁下一行　舒城、巢（一五四一頁十三行）

按：巢下當有縣字。

三十二頁下四行　石城、肅大水（一五四二頁一行）

按：肅爲州名。

三十三頁下六行　進賢、清（一五四三頁十二至十三行）

按：清字未詳。

三十四頁下五行　瑞州海溢（一五四五頁六行）

按：瑞州疑是瑞安之誤。

三十五頁上十一行　東赤城水災（一五四六頁九行）

按：東赤城疑有誤脱。

三十七頁上五行　江陵水（一五四九頁九行）

按：水上疑有大字。

三十八頁上九行　南昌、臨江（一五五一頁八行）

按：臨江下疑有大水二字。

三十八頁下十二行　宜都、興大水（一五五二頁九行）

按：興下疑有山字。

三十九頁上十二行　文昌、門（一五五三頁七行）

按：門上疑脱天字。

四十頁上十三行　咸宣大水（一五五四頁四行）

按：宣疑當作寧。

災異志二

二頁上十行　二月，棲雨草子如蕎麥（一五六一頁末行至一五六二頁一行）

按：棲下疑當有霞字

四頁上十行　初又火（一五六五頁十二行）

按：初下有脱字。

六頁下五行　黄山石火（一五六九頁八行）

按：山、石二字疑是岩字之誤。

七頁下十行　撫宣夜，遍地起火（一五七〇頁十三行）

按：宣疑當作甯。

災異志二

一頁上六行　蕭縣暴雨三月閲月（一五七三頁正文四行）

按：三下月字疑衍。

二頁上一行　城都霪雨（一五七四頁十五行）

按：城當作成。

二頁下一行　四疇盡没（一五七五頁十二行）

按：四當作田。

三頁下四行　平屏大雨壞城郭（一五七七頁九至十行）

按：平屏疑當作玉屏。

五頁下三行　浦台霪雨害稼（一五八〇頁十三行）

按：浦疑當作蒲。

六頁上二行　榮城大風雨，晚禾盡没（一五八一頁十行）

按：城當作成。

十頁十三行　十二永嘉民家雞四足，不能啼。（一五八九頁四行）

按：十二下當有年字。

災異志四

二頁上二行　東陽、羅田早（一五九七頁二行）

按：早當作旱。

四頁上十二行　赤里千里（一六〇一頁六至七行）

按：赤里當作赤地。

四頁上十三行　替山（一六〇一頁七行）

按：替當作潛。

六頁上一行　六十一年春（一六〇四頁六行）

按：乾隆止於六十年，翌年正月戊申朔，舉行授受大典，立皇太子爲皇帝，則此所書六十一年春，實應爲嘉慶元年，其時，宫中時憲書仍敕用乾隆年號，或緣此而混耳，然固不合史例也。

六頁上十行　四月，京師、臨榆、撫宣旱（一六〇四頁十四行）

按：宣疑寧之誤。

八頁上八行　康熙十四年，藩王尚可喜於粵香山築壘（一六〇八頁六行）

按：香當作秀。

災異志五

三頁上三行　竭陽颶風大作（一六一六頁十四行）

按：竭當作揭。

四頁上四行　三十三八年（一六一八頁九行）

按：十下三字誤衍。

五頁上十行　年四月（一六二〇頁八行）

按：年上當脱七字。

五頁上十一行　十一年四縣（一六二〇頁九行）

按：縣當作月。

八頁上九行　三十一年，邢台晝晦（一六二五頁八行）

按：年下當有月日。

十三頁下十一行　中衙（一六三五頁十行）

按：衙當作衛。

十四頁上六行　盩厔（一六三六頁三行）

按：盩當作盩。

十四頁下五行　蒲江地震（一六三六頁十五行）

按：蒲當作浦。

二十二頁上七行　曲阜、蒲、滕縣（一六五〇頁一行）

按：蒲下疑當有縣。

時憲志一

四頁上六行　改用太陽所躔天度之定節氣（一六六二頁四至五行）

按：之當作以。

四頁上十一行　較月與景兩半徑（一六六二頁九行）

按：景上當有地字。

七頁上十一行　其言曰五星之最高加減也（一六六七頁五行）

按：言下曰字誤衍。

八頁下一行　以方木爲趺（一六六九頁二行）

按：趺當作趺。

十頁下五行　又以歲實、氣應兩心差曰（一六七二頁七至八行）

按：曰當作日。

時憲志二

二頁上九行　然使合而算之（一六七八頁十行）

按：使當作後。

八頁下三行　比例抓綫爲三率（一六九〇頁一行）

按：抓當作弧。

時憲志五

五頁下四行　太陰地距平（一七五三頁三行）

按：地距二字誤倒。

時憲志六

三頁上八行　兩小差漸小（一七七三頁十行）

按：兩小當作兩心。

十三頁上五行　注：三、四、五、九、十、十一宮加（一七九〇頁八行小字）

按：宮下當有爲字。

時憲志七

二頁上十行　求太陽太陰（一七九五頁十五行）

按：求太二字以下當提行。

五頁上十三行　求太陰白道法同（一八〇一頁六行）

按：此句應與十二行與月食三字相連，不當提行別起。

六頁下七行　求設時距弧（一八〇三頁九行）

按：此句以下當提行。

時憲志八

一頁上三行　淩犯視差新法（一八一七頁正文前標題）

按：新法下當有上字，此篇本分上、下也。

時憲志九

二頁上八行　求黄平象限（一八五九頁九行）

按：此句以下當提行与下行相連。

地理志一

直隸

二頁上九行　令京尹而外（一八九三頁九行）

按：令當作今。

二頁下十二行　注：西衽西苑（一八九四頁十一行）

按：衽當作衽

三頁下十二行　注：決筐兒巷（一八九七頁一行）

按：巷當作港

三頁下十三行　注：實坻（一八九七頁二行）

按：實當作寶。

七頁上十二行　廣二百八十（一九〇四頁十一行）

按：八十下當有里字。

七頁下八行　注：令滹北，漳南（一九〇五頁七行）

按：令當作今。

八頁上四行　注：張臺村慶巡司（一九〇六頁四行）

按：慶當作廢。

九頁下八行　注：固都呼爾河（一九〇九頁十一行）

按：呼爾當作爾呼。

十二頁下　康熙十四年，徙義州察哈爾部宣、大邊外，壩内農田，壩外牧廠及察哈爾（一九一五頁十三至十四行）

按：《清通考》此處作：復遷義州察哈爾部衆分駐宣化、大同邊外，其壩内爲農田，壩外爲各牧廠及察哈爾游牧地。本文過於求簡，反欠明晰。

十三頁上四行 注：懷柔（一九一六頁十三行）

按：柔當作來。

十三頁上十行 注：正黄（一九一七頁五行）

按：《清通考》作正白。

十五頁上七行 注：隋以民縣（一九二一頁六行）

按：民當作氏，氏縣猶名縣也。

十五頁下二行 注：積潦始稍（一九二二頁一行）

按：稍當作清。

地理志二

奉天

三頁下四行 注：右愛女兒河（一九三〇頁十四行）

按：愛當作受。

五頁下五行 注：明置州衛之鴨緑江部，光緒三十八年分通化、懷仁二縣地（一

九三五頁三行）

按：置當作建，三十當作二十。

五頁下七行　注：舊設馬檢九（一九三五頁六行）

按：檢當作撥，馬撥猶換馬也。

六頁上十二行　注：與隆峪（一九三六頁十五行）

按：與當作興。

七頁上八行　注：興興京分山脉（一九三八頁十行）

按：上興字當作與。

七頁下九行　注：入輝南縣境治居一統河南（一九三九頁十三行）

按：縣境二字當互易。

七頁下十行　注：東由孟家店隸府（一九三九頁十五行）

按：隸當作赴。

九頁上六行　注：縣至縣治（一九四二頁十三行）

按：縣至二字誤衍。

九頁下二行　注：北叚墾地（一九四三頁九行）

按：叚當作段，二字常混，後不再正。

地理志三

吉林

二頁上九行　注：舊日布特哈烏拉（一九四七頁十三行）

按：日當作曰。

二頁下八行　注：後屬扈倫族之赫赫部（一九四八頁十三至十四行）

按：上赫字當作葉。

三頁上四行　注：三西（一九四九頁九行）

按：三當作其。

三頁上十二行　注：南歷科爾泌（一九五〇頁三至四行）

按：泌當作沁。

五頁下四行　注：右頭河（一九五三頁八行）

按：右當作石。

六頁上三行　注：布左畢拉罕河（一九五五頁十行）

按：布左二字誤到，據内府地圖，左有布尼河、必拉漢河。必拉漢即畢拉罕，此處布下蓋脱尼字，而又誤倒在左字上。

六頁下五行 額穆赫孛羅輭地（一九五六頁十二行）

按：孛當作索，輭當作堧。

八頁上二行 注：右下亮子（一九五九頁七行）

按：右當作左。

八頁上十三行 方正縣 注：東北九百二十里（一九六〇頁六行）

按：東北上當有省字。

八頁下四行 注：舊咀哈湯（一九六〇頁十行）

按：咀當作阻。

八頁下七行 注：富錚（一九六〇頁十四至十五行）

按：富錚皆當作富錦。（共兩處）

地理志四

黑龍江

三頁上十三行 注：污窿河自東來注（一九六九頁六行）

按：東當作西。

三頁上十三行　入呼蘭河通肯（一九六九頁六至七行）

按：呼蘭通肯又爲地名，此所謂入，入其境也，不當有河字。

地理志五

江蘇

一頁下九行　注：石城門内治城山（一九八四頁十二行）

按：治當作冶。

四頁上十行　注：三峒字（一九九〇頁六至七行）

按：皆當作峒。

五頁下八行　注：又西北入錫（一九九三頁四行）

按：錫上當有無字。

五頁下八行　注：鳥角、白鶴諸溪（一九九三頁五行）

按：鳥當作烏。

五頁下八行　注：逕陸巷（一九九三頁六行）

按：巷當作港。

六頁下三行　注：有桿海塘三（一九九五頁一行）

按：桿當作捍。

六頁下五行　注：黄浦江爲吴松支津（一九九五頁三行）

按：松當作淞。

六頁下十行　注：上丞南匯界河水（一九九五頁十一行）

按：丞當作承。

七頁上三行　注：會黄浦江，西壖（一九九六頁三行）

按：壖當作堧。

七頁下七行　嘉定　注：府南三十六里（一九九七頁十行）

按：府當作州，指太倉直隸州也。

七頁下九行　寶山　注：府東九十里（一九九七頁十三行）

按：府當作州，同前條。

八頁下二行　注：入於湖太湖（一九九九頁五至六行）

按：上湖字誤衍。

八頁下五行　注：自胡氻匯諸山水（一九九九頁十行）

按：胡汉當作湖汊。

九頁上三行　注：丹徒（二〇〇〇頁七行）

按：徙當作徒。

地理志六

安徽

一頁下九行　注：皖水入灊山入（二〇〇二頁十三行）

按：上入字當作自。

二頁下九行　注：舊居巢地，後陷爲湖，因各（二〇〇五頁二行）

按：各當作名。

二頁下十行　注：清溪河之（二〇〇五頁三行）

按：之字誤衍。

二頁下十一行　注：栢皋……拓皋（二〇〇五頁四行）

按：栢、拓二字皆誤，當作柘。

二頁下十二行　注：南：太江（二〇〇五頁五至六行）

按：太當作大。

三頁下八、九兩行 注：三潁字（二〇〇七頁二至三行）

按：皆當作潁。

四頁上四行 注：靈璧（二〇〇七頁十三行）

按：璧當作壁。

四頁上九行 注：淮水自河南固始入來（二〇〇八頁三行）

按：來字疑衍。

四頁上十行 注：潁水自河逕城南登封（二〇〇八頁四行）

按：逕城二字誤在南登封三字上，當乙轉。

四頁下一行 注：雍正初改隸潁（二〇〇八頁九行）

按：潁當作潁。

四頁下六行 注：宿州也（二〇〇九頁一行）

按：也當作地。

四頁下十一行 注：渦水自蒙城入（二〇〇九頁八頁）

按：蒙城當作渦陽。

五頁上三行 注：西北舊名夥山，盤亘三百餘里（二〇〇九頁十三行）

按：西北二字重出當删，夥當作夥，亘當作亙。

六頁上六行　注：三溪鎮巡一（二〇一二頁五行）

按：巡下當有司字。

六頁下一行　注：俱東北爲入江（二〇一二頁十四行）

按：爲字衍。

六頁下五行　注：北接黄河（二〇一三頁五行）

按：河當作濟。

六頁下七行　石埭　注：府東西百六十里（二〇一三頁七行）

按：西當作南。

六頁下十二行　注：西北大江（二〇一三頁十四行）

按：北當作南。

七頁上八行　注：東北頳山，又注：西南戰鳥山（二〇一四頁九行）

按：頳當作赬，鳥當作馬。

七頁下十二行　注：滁河縣南源（二〇一五頁十五行）

按：縣字衍。

八頁下四行　注：北西石門關（二〇一七頁八行）

按：北字衍。

地理志七

山西

一頁下一行 其名山（二〇二二頁四行）

按：其名山三字當作注文。

一頁下七行 注：真谷水，又注：故交村（二〇二二頁十行）

按：真當作直，故交村三字屬交城縣，誤衍在此。

二頁上八行 注：左合乏馬嶺（二〇二三頁十三至十四行）

按：乏當作走。

二頁下六行 注：亦自興入入（二〇二四頁十三行）

按：誤重入字。

五頁上一、二、三行 正文

按：按全書之例，當低一格。

七頁上六行 注：東北隰州（二〇三四頁八行）

按：州當作川。

七頁下三行 石（二〇三五頁五行）

按：石上當有靈字。

七頁下九行 注：紇千山（二〇三五頁十一行）

按：千當作干。

九頁上三行 注：東了角山（二〇三八頁八行）

按：了當作丫。

九頁上十三行 注：西北營涔（二〇三九頁五行）

按：營當作管。

九頁下一行 注：右谷石（二〇三九頁六行）

按：谷當作合，石當作玉。

九頁下五行 注：入□（二〇三九頁十一行）

按：缺文當作崞。

十頁上六行 注：徒同知駐城（二〇四〇頁十三行）

按：徒當作徙。

十頁上九行 注：南西（二〇四一頁一行）

按：當作西南。

十頁下四行 注：明制東勝衛千户所（二〇四一頁十一行）

按：制當作置。

地理志八

山東

一頁上七行 注：折東入鄒（二〇四六頁十二行）

按：鄒下當有平字。

二頁下五行 注：東徒駭自柳城入（二〇四八頁十四行）

按：東當作西，柳當作聊。

二頁下七行 注：古古黄河（二〇四九頁一行）

按：上古字當作西。

五頁上九行 注：有竹口鎖（二〇五四頁十四行）

按：鎖當作鎮。

五頁下七行 莒州 注：郡東北九十里（二〇五五頁十三行）

按：郡當作府。

五頁下十一行　沂水　注：溝，繁（二〇五六頁三行）

按：溝當作衝。

六頁上五行　注：東入諸河，洪陵阿從之（二〇五六頁十三行）

按：河當作城，阿當作河。

七頁下六行　注：登萊青道徒駐（二〇六〇頁三行）

按：徒當作徙。

八頁下三行　注：又東，朱橋河千（二〇六二頁三行）

按：千當作入。

八頁下八行　注：又東安邱濰水入（二〇六二頁十行）

按：此七字重出，當删。

九頁上十三行　注：廣陵、候鎮（二〇六四頁二行）

按：候當作侯。

十頁上六行　注：沽河復緣界入州（二〇六五頁十三行）

按：沽當作姑。

地理志九

河南

一頁下四行　注：一曰沙水，經注（二〇六八頁九行）

按：水下當重水字，此水字爲水經注之水。

二頁下五行　注：俗名陳兩汳（二〇七〇頁十三行）

按：汳當作河。

三頁上十三行　注：南入淮甯（二〇七二頁九行）

按：甯當作寗，下文淮甯二字重出。

三頁下一行　諸陂（二〇七二頁十一行）

按：諸陂下當有水經注三字。

三頁下十一行　注：白艾城河（二〇七三頁八行）

按：白當作曰。

四頁下十一行　注：韓城鎮丞駐（二〇七五頁十三行）

按：五字誤衍，見下文。

五頁上十一行　注：熊耳、崤山（二〇七六頁十三行）

按：熊耳二字誤衍，崤山據地圖作嶕崤山。

八頁下四行　注：又大有埝水（二〇八四頁二行）

按：大有二字誤倒。

八頁下五行　注：及與隆堰水（二〇八四頁三行）

按：與當作興。

八頁下十一行　注：右合木構十二里河（二〇八四頁十行）

按：構當作溝。

九頁上十一行　注：東北白半邑（二〇八五頁十二行）

按：東北二字，據水經注當作西南，半當作牛。

九頁下一行　注：東南逕南酈（二〇八五頁十五行）

按：逕南下當有陽字。

十頁下一行　注：東過吳房縣南南（二〇八八頁四行）

按：南字重出，當删。

十頁下二行　注：水經注興山（二〇八八頁五行）

按：興當作輿，俗刻水經注作興，此卷所引皆據俗本。

十頁下十二行 注：西北准水（二〇八八頁十二行）

按：准當作淮。

十一頁上八行 注：又東，新息故故城（二〇八九頁十五行）

按：故字重同，當删。

地理志十

陝西

二頁上十三行 注：入耀入（二〇九四頁七行）

按：上入字當作自。

二頁下二行 注：阡甘北（二〇九四頁九行）

按：阡下當有東字。

四頁上三行 注：青青山（二〇九八頁一行）

按：重出青字當改爲蓮字。

五頁下十行 注：遲河自寗、陝入（二一〇一頁十五行）

按：遲當作池，甯當作甯。

五頁下十二行　注：領納三（二一〇二頁三行）延安府

按：納當作州。

六頁上九行　注：又南過壺口（二一〇二頁十五行）

按：壼當作壺。

七頁上六行　注：鎮羌水（二一〇四頁十四行）

按：羗當作羌。

地理志十一

甘肅

一頁下四行　注：渭、涇、洮、湟（二一一〇頁七行）

按：湟當作湟。

一頁下十二行　注：驛二（二一一一頁一行）

按：二當作三。

四頁上二行　注：西入甯川（二一一五頁九行）

按：川當作州。

四頁上九行　注：治府東遍（二一一六頁一行）

按：遍當作徧。

四頁下六行　注：河又北逕流

按：逕流當作流逓。

五頁下十行　涼州府　注：甘涼道治所所（二一一九頁七行）

按：重出所字當删。

六頁上九行　注：王司二（二一二〇頁七行）

按：王當作土。

六頁下十行　注：西：回山中。又注水西自平涼入（二一二一頁八至九行）

按：中字衍，注水當作涇水。

六頁下十三行　注：九浴水（二一二一頁十一行）

按：浴當作峪。

七頁上十二行　注：并東入州，涇清水河（二一二二頁十二行）

按：涇當作注。

地理志十二

浙江

三頁上十行　注：七平（二一三二頁四行）

按：平當作年。

五頁上四行　注：上河注逕大碶市（二一三六頁四至五行）

按：上河下注字當作流。

九頁上六行　注：並自江山溼之（二一四五頁四行）

按：溼當作注。

九頁上十行　嚴州府……西南距省治二百九十里（二一四五頁九行）

按：西南當作東北。

十一頁上五行　處州府（二一四九頁八行）

按：第二行正文依例當低一格。

地理志十三

江西

二頁上十一行　注：汎入（二一五六頁三行）

按：入當作八。

五頁上五行　注：左合畫水，睦宦水，左納七里山水（二一六二頁七行）

按：宦當作官，左納當作右納。

五頁上十三行　注：西南錦自上高入（二一六二頁十五行）

按：錦下當有水字。

同行　又注：至淩江入上高（二一六三頁一行）

按：淩江下當有口字。

六頁上一行　東南距省治四百八十里（二一六三頁六行）

按：東南當作東北。

七頁下九行　注：東北了髻（二一六八頁二行）

按：了當作丫。

同行 又注：芙蓉江即章江，自大庾入（二一六八頁二行）

按：庾當作庾。

地理志十四

湖北

一頁上十二行 注：達河南浙江（二一七〇頁二行）

按：浙江當作淅川。

一頁下四行 注：黄鵠山亦鸛（二一七〇頁七行）

按：亦鸛二字疑當作亦曰高觀。

二頁上十行 西北距省治十里（二一七二頁二行）

按：西北當作東北。

三頁下四行 西北距省治五百三十五里（二一七五頁一行）

按：西北當作東南。

四頁上五行 西北距省治三百二十里（二一七六頁一至二行）

按：西北當作東南。

四頁下六行　西距省治西八百里（二一七七頁三行）

按：上西字當作東，下西字當删。

四頁下十一行　注：了角（二一七七頁九行）

按：了當作丫。

五頁上十一行　西北距省治六百八十里（二一七八頁十一行）

按：西北當作東南。

六頁上一行　西北距省治一千二百五十里（二一八〇頁一行）

按：西北當作東南。

六頁上三行　注：堵水自縣北流入焉（二一八〇頁三行）

按：北當作南。

六頁下一行　西距省治一千八十里（二一八一頁二行）

按：西當作東。

七頁上七行　西距省治一千九百八十里（二一八二頁十行）

按：西當作東。

七頁上十行　注：乘土船從夷水（二一八二頁十二行）

按：六字重出當删。

七頁下十行　西北距省治六百里（二一八三頁十五行）

按：西北當作東南。

八頁上七行　西距省治一千五百五十里（二一八四頁十二行）

按：西當作東。

地理志十五

湖南

一頁上十三行　注：其名山……幕（二一八六頁三行）

按：幕下當有阜字。

一頁下一行　注：航路自長沙達湘潭（二一八六頁五行）

按：長沙下當有南字。

一頁下十二行　注：其西蘄水在（二一八七頁三行）

按：在當作江，應移水字上。

一頁下十三行　注：後遷縣東洣洲市（二一八七頁四行）

按：洣當作株。

四頁上八行 注：屈而北，溪溪水自西來入（二一九二頁七行）

按：上溪字當作延。

五頁下二行 注：東南，湘水左瀆自清泉入（二一九五頁三至四行）

按：瀆當作瀆。

五頁下四行 注：有衡陽縣（二一九五頁六行）

按：縣當作驛。

五頁下五行 注：南，兩母（二一九五頁七行）

按：兩當作雨。

七頁下四行 注：縣南長樂水，南北流（二一九九頁十三行）

按：南北流，南當作東。

地理志十六

四川

二頁上十一行 注：酸棗河自郫縣入，東流徑逕城北（二二〇九頁十三行）

按：徑字衍。

三頁上十一行　折黔江、彭水二縣置黔彭直隸廳（二二一二頁二行）

按：折當作析。

四頁下四行　注：東自廣元入（二二一四頁十三行）

按：東下當有河字。

四頁下十二行　注：宕水自通江入，駐巴江（二二一五頁九行）

按：駐當作注。

五頁下十三行　慶符　注：筒（二二一七頁十一行）

按：筒當作簡。

六頁上十行　注：一名隆橋河（二二一八頁九行）

按：此五字重出。

七頁上二行　注：彭溪一石開江（二二一九頁十五行）

按：石當作曰。

七頁下十二行　注：若水即鴉龍山（二二二一頁十三行）

按：山當作江。

八頁下四行　改長河、西魚、通、甯遠宣慰司爲打箭鑪廳（二二二三頁五行）

按：通下脱安字。

九頁上十行　注：均入峩眉入（二二二四頁十四行）

按：均入當作均自。

十一頁上三行　康定府　注：明長河、西魚、通安、遠宣慰司（二二二八頁十行）

按：遠上脱甯字。

十二頁下五行　注：州産鹽，有中州十一（二二三一頁十一行）

按：中州當作中井。

十二頁下七行　注：冷水河水曰乾河（二二三一頁十四行）

按：水曰當作亦曰。

十六頁上九行　注：析南入大江（二二三九頁四行）

按：析當作折。

地理志十七

福建

三頁上十行　注：秦嶼（二二四六頁八行）

按：秦，各地圖皆作蓁。

四頁下八行　注：西石烏石（二二四九頁九至十行）

按：西下石字衍。

五頁上六行　注：凍䴬夾岸（二二五〇頁十行）

按：䴬當作蕤。

五頁上十一行　注：七星至西津渡（二二五一頁一行）

按：六字誤衍。

五頁下七行　黄上三鹽場。（二二五一頁十二行）

按：上當作土。

五頁下十行　右合苦株阬（二二五二頁一行）

按：阬當作阬。

六頁上二行　東溪納龍湖東溪（二二五二頁七行）

按：下東溪二字誤衍。

七頁上一行　注：朱阮（二二五四頁十行）

按：阮當作阬。

七頁上三行　注：張阮（二二五四頁十二行）

按：阮當作阬。

七頁上四行　注：右合分水嶺水（二二五四頁十四行）

按：右當作左。

七頁下六行　注：又南合沄水、阮水（二二五六頁二至三行）

按：阮當作阬。

八頁上四行　注：南灣（二二五七頁三行）

按：灣當作澳。

八頁上九行　東南漈海（二二五七頁七行）

按：漈當作際。

地理志十八

臺灣

地理志十九

廣東

三頁下十一行　注：晉康巡司治連灘地（二二七五頁九行）

按：地當作墟。

四頁下六行　注：亦瀧水一名洲頭水（二二七七頁五行）

按：亦字衍。

六頁上十三行　注：復廢（二二八一頁二行）

按：復當作後。

八頁上三行　注：東卬在東，南濱海（二二八四頁八行）

按：卬爲山字誤倒。

十一頁上一行　感恩　注：府西北百九十五里（二二九〇頁十一行）

按：府當作州。

地理志二十

廣西

七頁下九行　賀　注：東南百九十五里（二三〇七頁八行）

按：東南上當有府字。

九頁上十二行　陸川　注：東南九十里（二三一〇頁十五行）

按：東南上當有州字。

同行 又注：東南大逭（二三一一頁一行）

按：逭當作造。

地理志二十一

雲南

一頁下三行 東至廣西 注：泗城七百五十里（二三二二頁六行）

按：泗城二字當作正文。

一頁下四行 北至四川 注：會理四百里（二三二二頁六至七行）

按：會理二字當作正文。

同行 西至天馬關 注：接緬甸界（二三二二頁七行）

按：接緬甸界四字當作正文。

一頁下五行 注：勝越西以伊涪瓦諦江源流爲界（二三二二頁八行）

按：勝當作騰，涪當作洛。

一頁下十二行 注：東南廣西百色（二三二二頁十四行）

按：東南下當有達字。

二頁上四行 注：下流折昆陽州（二三二三頁五行）

按：折下當有入字。

二頁上六行 注：入武宣州（二三二三頁八行）

按：宣當作定。

二頁上十二行 注：流入滇海（二三二四頁一行）

按：海當作池。

又同行 呈貢 注：明爲歸化同隸晉甯（二三二四頁二行）

按：爲當作與。

三頁下三行 注：涇青華山（二三二六頁九行）

按：涇當作逕。

三頁下四行 注：一支北出，爲周官些海（二三二六頁十行）

按：些當作紫。

四頁上九行 注：怒江即潞江縣（二三二八頁二行）

按：縣字衍。

四頁上十二行 注：合漾共江，漾一名鶴川（二三二八頁六行）

按：下漾字衍。

五頁上一行　注：俱在舊狼鹽井司境（二三二九頁十行）

按：狼當作琅。

五頁上二行　注：省磘嘉廢入（二三二九頁十二行）

按：廢當作廳。

五頁下五行　注：施甸、杉木和巡司二（二三三〇頁十五行）

按：和當作河。

六頁上一行　注：納無梁山水（二三三一頁十二行）

按：梁當作量。

六頁上六行　注：十五排潞樂

按：潞樂二字當互易。志謙按：指前一行「潞」與後一行「樂」當互易。

七頁下四行　注：舊衛坪（二三三五頁四行）

七頁下五行　榮坪縣　注：本名榮華莊（二三三五頁五至六行）

按：據地圖，衛作衞。

按：榮坪，各地圖皆作華坪，注文榮華莊，地圖作華榮莊。

十一頁下十一行　注：周百五十里（二三四四頁三至四行）

按：此五字已見上文通海下，此爲重出。

十二頁下十一行　注：南白馬關（二三四六頁五行）

按：白馬當作馬白。

十三頁下六行　注：西西哀牢山（二三四七頁十四至十五行）

按：重出西字當删。

地理志二十二

貴州

一頁上十行、十一行　注文晃州霑益南丹綦江八字，皆當爲正文。（二三五二頁一至二行）

三頁下十一行　注：豬梁紅（二三五七頁七行）

按：紅當作江。

七頁下十行　注：自畢節八（二三六五頁十三行）

按：八當作入。

七頁下十二行　注：二十年改隸威甯（二三六六頁三至四行）

按：二十年當作二十六年。

七頁下十三行 注：錯八安順（二三六六頁二行）

按：八當作入。

地理志二十三

新疆

三頁上九行 注：烏蘭（二三七五頁十三行）

按：烏蘭，地圖作烏蘇。

三頁下九行 注：驛山（二三七六頁十五行）

按：二字誤到。

八頁下七行 注：拉、英格（二三八六頁十一行）

按：據地圖，拉上當有楷字。

十一頁下三行 注：車勒、哈雅（二三九二頁六行）

按：據地圖，車勒作庫勒，哈雅作雅哈。

十一頁下四行 注：宋俱（二三九二頁七行）

按：宋當作朱。

十一頁下六行　皮山　注：舊咽嗚回莊（二三九二頁十一行）

按：嗚當作嗎。

地理志二十四

内蒙古

一頁上九行　注：札賫特（二三九五頁正文末行）

按：賫當作賚。

一頁上十行　注：翁牛特（二三九六頁一行）

按：此下當有敖漢二字方足八部之數。

二頁下二行　注：又東逕札賫特南，匯爲納藍撤藍池（二三九八頁九至十行）

按：賫當作賚，撤當作撒。

二頁下七行　注：本契丹地，邊置長青州（二三九九頁一行）

按：邊當作遼。

四頁上三行　廣五百里，袤四百五十里（二四〇一頁十行）

按：此十字重出，當删。

八頁下五行　注：察汗爾汗族也。（二四一〇頁十二行）

按：察汗當作察哈。

十一頁下八行　注：源出麥垜山，逕西南（二四一六頁十五行）

按：逕字衍。

十二頁下七行　注：冐頓（二四一八頁十三行）

按：冐當作冒。

地理志二十五

外蒙古

一頁下八行　注：爲大興安、冐河諸山（二四二二頁十三行）

按：冐河當作冐特。

三頁上八行　注：當阿爾泰軍之東（二四二六頁三行）

按：軍下當有臺字。

四頁下六行　注：緜亘而果（二四二九頁二行）

按：果當作東。

五頁上九行　注：逕巴彥山北麓（二四三〇頁八行）

按：彥當作顏。

六頁上五行　喀爾喀東路車臣汗部（二四三二頁五行）

按：此行當頂格。

七頁上十一行　注：烏默客旗（二四三四頁十二至十四行）

按：旗當作族。

八頁上二行　注：則杜勤鄂模也（二四三六頁三行）

按：勤當作勒。

十一頁下十一行　注：本漢北地郡西境（二四四三頁十一行）

按：漠當作漢。

十二頁下一行　注：休屠縣在東北（二四四四頁十五行）

按：縣當作澤。

十二頁下九行　注：譯音之愛（二四四五頁十一行）

按：愛當作變。

十三頁上四行　注：迄立沙漠中（二四四六頁五行）

按：玘當作屹。

十三頁下二行　在踰天山（二四四七頁三行）

按：在當作東。

十三頁下九行　注：又自鎮素達巴罕東行（二四四七頁十一行）

按：鎮當作洞。

十五頁下十一行　西南至科而多（二四五一頁十一行）

按：而當作布。

地理志二十六

青海

一頁下四行　注：東南：阿木尼塞爾秦山（二四五六頁七行）

按：秦當作泰。

一頁下九行　注：巴哈哈圖嶺（二四五六頁十五行）

按：巴哈當作巴漢。

二頁上一行　注：洮脊河（二四五七頁六行）

按：脊當作賫。

二頁上二行　注：漢書地理志福禄縣（二四五七頁七行）

按：福禄當作禄福，下文同。

二頁上八行　注：東流入澤，沃民田（二四五七頁十五行）

按：東流，漢志作東北，沃字，漢志作溉。

二頁下十行　注：阿爾垣，蒙古言金也（二四五九頁二行）

按：垣當作坦。

四頁下九行　注：漢書地理志金城都（二四六三頁六行）

按：都當作郡。

四頁下十一、十二行　注：又東，右合溜溪、伏溪、伏溜、杜蠡四川（二四六三頁九行）

按：四川，水經注作溜溪、伏溜、石杜、蠡。

四頁下十二行　注：又西徑平城北（二四六三頁十行）

按：又下當有東字，西徑二字當互易。

四頁下十三行　注：右則甘夷川水入焉（二四六三頁十一行）

按：右當作左。

五頁上二行　注：東流又合來谷、乞斤二水（二四六三頁十三行）

按：又當作右。

同行　又注：東徑小晉興城北（二四六三頁十四行）

按：東下當有南字。

五頁上五行　注：湟水源自都連山下（二四六四頁二行）

按：都當作祁。

五頁上七行　注：北川河，番名何爾坦河（二四六四頁五行）

按：何當作阿。

六頁上二行　注：數傳（二四六五頁十四行）

按：傳當作傳。

六頁上五行　注：北至衮河爾台（二四六六頁二行）

按：河當作阿。

六頁上六行　注：小哈柳圖河至北（二四六六頁四行）

按：至當作之。

六頁上九行　注：游在旗境東北（二四六六頁七行）

按：游下當有牧字。

六頁上十二行　雍正元年來歸，偏旗一（二四六六頁十一行）

按：偏當作編。

地理志二十七

西藏

一頁下六行　注：在境西北藏他（二四七二頁十行）

按：他當作地。

三頁上十二行　注：南經經潞江安撫司（二四七四頁三行）

按：南經當作南流，下經字當作逕。

三頁下一行　注：北流涇舒班多城（二四七四頁五行）

按：涇當作逕。

四頁上六行　設大臣鎮守，其地曰（二四七五頁十行）

按：地當作城。

四頁上七至八行　曰江孜（二四七五頁十一行）

按：弢當作孜。

四頁上九行　注：布里克什（二四七五頁十三行）

按：地圖作布克什里。

四頁上十一行　江弢，在札什倫布城南二百里（二四七五頁十五行）

按：江弢當作江孜。

四頁上十三行　北有江弢（二四七六頁一行）

按：弢當作孜。

四頁下六行　過江則城西（二四七六頁九行）

按：江則即江孜。

同行　必北，始名年楚河（二四七六頁九行）

按：必當作又。

地理志二十八

察哈爾

禮志一 以下吉禮

二頁上八行 祈穀（二四八五頁五行）

按：穀當作穀。

二頁上十一行 羣祀則皆遣者（二四八五頁八至九行）

按：者當作官。

三頁上二行 上九九重（二四八六頁十二行）

按：當作上成九重。

三頁下四行 南嚮五（二四八七頁十一行）

按：五字下當有楹字。

四頁下三行 外壝方四十二丈（二四八九頁三行）

按：壝當作壝。

七頁上九行 歷位帝王正位十六案（二四九三頁十四行）

按：歷位當作歷代。

九頁上八行 自是火祀中祀羣祀先後規定祀期（二四九六頁九行）

按：火當作大。

禮志三

一頁上九行　燎一爐一（二五二五頁正文二行）

按：燎一爐一，《清通考》作燎爐各一，蓋燎爐爲一名詞，謂東西廡各有一燎爐也。今作燎一爐一，是分燎爐爲二物矣。殊誤！

一頁下五行　黏没忽，斡里雅布、穆呼哩、巴延（二五二五頁九至十行）

按：黏没忽即上文之尼瑪哈，不應前後錯出。又按：黏没忽《金史》作宗翰，云本名粘没喝，漢語訛爲粘罕，斡里雅布《金史》作宗望，云本名斡魯補，又作斡離布。穆呼哩《元史》作木華黎，巴延《元史》作伯顏。

一頁下九行　禮臣議言廟祀帝王云云（二五二六頁十一行）

按：《清通考》康熙元年二月，復定歷代帝王廟記曲，除遼、金、元太祖三人復祀外，商中宗、高宗，周成王、康王、漢文帝、宋仁宗、明孝宗七人，仍照會典在各陵廟致祭，不入此廟。今此處未之言，則下文所增祀中七帝爲復出矣。

二頁上三行　小乙（二五二七頁三行）

按：據《清通考》，小乙下當有武丁二字方足百四十三位之數，武丁即商之高宗也。

二頁下一行　元博果察（二五二七頁十四行）

按：《清通考》察作密。

二頁下二行 于謙（二五二七頁十四行）

按：《清通考》于謙下當有李賢二字方足四十人之數。

三頁上一行 使後世疑本朝區南北非禮意也（二五二八頁十一頁）

按：區下當有分字。

三頁上九行 淮甯伏羲（二五二九頁四行）

按：淮甯二字誤到。

三頁上十行 東午唐堯（二五二九頁五行）

按：午當作平。

三頁上十行 涇陽漢高祖（二五二九頁六行）

按：涇當作涇。

三頁下三行 康熙二十年，滇亂平（二五二九頁十行）

按：《清通考》，康熙二十一年二月，以滇省蕩平，遣官祭歷代帝王陵，與清聖祖本紀合。此作二十年，誤。

三頁下九行 遣諭（二五三〇頁二行）

按：遣當作遺。

三頁下十一行　世宗纘緒，遂授朱之璉一等侯（二五三〇頁四至五行）

按《清通考》，封朱之璉在雍正二年，蓋世宗承聖祖遺諭而爲之。

四頁上十三行　是年南巡（二五三一頁五行）

按：據《清通考》，是年當作四十九年。

四頁下四行　往長陵奠輟（二五三一頁九行）

按：輟當作醊。

四頁下六行　改祀清河以北（二五三一頁十一行）

按：祀當作於。

五頁下二行　公晳哀（二五三三頁七行）

按：晳當作晳。

六頁上十三行　完尹焞（二五三五頁二行）

按：完當作宋。

七頁下十三行　已定八脩（二五三七頁十四行）

按：脩當作佾。

十三頁下四行　宋施全興福廟神（二五四七頁十四行）

按：全下當有爲字。

十五頁上七行　月令（二五五〇頁八行）

按：今當作令。

禮志四

五頁下十二行　古雙寬（二五六一頁九行）

按：古下當有伊字。

八頁上十一行　道先元年（二五六六頁七行）

按：先當作光。

禮志五

七頁下三行　奉安山陵絹寶（二五八四頁十一至十二行）

按：絹下當有册字。

十一頁上五行　夫弈禩昇平景運（二五九一頁十三行）

按：弈當作奕。

十一頁上六行　默天眷（二五九一頁十四行）

按：默下當有念字。

十二頁上五行　五奠三爵（二五九三頁十三行）

按：五當作三。

禮志六

二頁上一行　副都統穆舒、孟魁、白原任巡撫云云（二五九六頁十四行）

按：《清通考》白下無原任二字，但作副都統白，蓋不知其名也，此處疑有脱誤。

三頁下七行　總督占泰（二五九九頁十二行）

按：總當作提。

四頁下八行　賢良祠……在地安門外西偏。正殿、後室各五楹，東西廡（二六〇一頁十至十一行）

按《清通考》，賢良祠前殿三間，後室五間，前後東西廡各三間，与此所叙不同。

六頁下二行　與佫僖祠並峙者（二六〇四頁八至九行）

按：佫當作恪。

禮志七 以下嘉禮

一頁下九行 除壇壝司設監（二六一六頁十行）

按：設當作禮。

三頁下一行 明殿議政王、御前大臣率侍衛等按班分立（二六一九頁九至十行）

按：明當作前。

七頁下四行 按班行禮，不贊（二六二六頁九行）

按：贊當作贊。

禮志八

一頁上十二行 正正副使詣丹墀東（二六三七頁正文末行）

按：重一正字。

二頁下三行 簡大臣命婦階老者襄事（二六四〇頁一行）

按：階當作偕。

四頁上五行 郡王以下（二六四二頁十二行）

按：王當作主。

七頁下六行　等三甲（二六四九頁六行）

按：等當作第。

十頁下八行　年高德卲者（二六五四頁十一行）

按：卲當作邵。

十一頁上二行　注之（二六五五頁四行）

按：之當作云。

十一頁上八行　迺合樂，歌闕睢（二六五五頁十行）

按：闕睢當作關雎。

禮志九　軍禮

一頁上十行　杜衭祊烝之祭（二六五七頁正文二至三行）

按：杜當作社。

六頁下四行　臨眠之（二六六七頁九行）

按：眠當作眂。

禮志十 賓禮

一頁下四行 既入鏡（二六七四頁七行）

按：鏡當作境。

四頁上十三行 乾隆季葉，英使馬格里入覲（二六七九頁十一行）

按：馬格里即上文之瑪戛爾。

八頁上七行 有間，起而對（二六八七頁二行）

按：間當作問。

禮志十一 以下凶禮

四頁下十行 魏考文帝（二六九六頁一行）

按：考當作孝。

五頁上八行 不輟冠纓（二六九六頁十行）

按：輟當作綴。

七頁下六行 注謂諸臣皆齋衰（二七〇一頁五行）

按：齋當作齊。

八頁上四行　錦州知府金文醇（二七〇二頁十五行）

按：《清通考》醇作淳。

十一頁上七行　特簡士公大臣典喪儀（二七〇七頁十行）

按：士當作王。

禮志十二

七頁上六行　明日小斂，陳斂牀堂東（二七二二頁十三行）

按：斂皆當作斂，下文同。陳斂牀堂東五字衍。

七頁上七行　複三禪二（二七二二頁十三行）

按：禪當作禪。从衣不从示，下文同。

七頁下三行　周三十五尺（二七二三頁八行）

按：尺當作丈。

七頁下五行　龜蚨高三尺八寸（二七二三頁十至十一行）

按：蚨當作趺。

八頁下四行　墓門不碣（二七二五頁七行）

按：不當作石。

九頁上六行　旁取下際緝（二七二六頁八行）

按：取當作及。

九頁上八行　叙服八：曰斬衰三年，子爲……養母……（二七二六頁十一行）

按：爲養母斬衰，《清通典》有之，但《清通禮》已改入齊衰不杖期。此志既依《通禮》，當移入下條。

九頁上九行　爲人後者爲所後父母，子妻同（二七二六頁十一至十二行）

按：子下當有之字。

九頁上十行　嫡孫爲祖父母或高曾祖父母承重（二七二六頁十二至十三行）

按：承重下當有承重者之妻同六字。

九頁上十一行　曰齊衰杖期，嫡子、衆子爲庶母，子妻同（二七二六頁十四行）

按：庶母子下當有之字。

九頁上十一行下文　嫡孫，祖在，爲祖母承重（二七二六頁十四至十五行）

按：此文《清通禮》在斬衰三年條，本志於斬衰内既云嫡孫爲祖父母承重，則意已兼包，乃又見於齊衰杖期條，不知何據。

九頁上十二行　曰齊衰不杖期……爲女在室者，子爲人後者（二七二七頁二至三行）

按：子爲人後者當作爲子之爲人後者。

又按：《清通禮》不杖期條内有爲改嫁繼母；爲姑在室者；爲姊妹在室者三目，《清通典》亦有之，本志皆删去，不知何據。

九頁下一行 孫爲祖父母者（二七二七頁三行）

按：者字誤衍。

九頁下四行 爲同居繼父而無大功以上親者

按：此十三字上文已見，當删。

九頁下六行、七行 曰大功九月，……祖母爲諸孫（二七二七頁十行）

按：諸孫下當有及孫女在室者六字。

九頁下九行 爲己之同堂兄弟及姊妹在室者（二七二七頁十二行）

按：姊妹上當有同堂二字。

九頁下十行 爲兄弟之子爲人後者（二七二七頁十三行）

按：此文上《清通禮》大功條内有爲兄弟之爲人後者八字，下有爲父之兄弟爲人後者九字，《清通典》無之，本志亦從删，蓋依《通典》。

九頁下十二行、十三行 曰小功五月，……爲從祖姑及堂姑在室者（二七二七頁十三行至二七二八頁一行）

按：《清通典》小功條云：爲祖姑在室者，注，謂祖之親姊妹，《清通禮》則作爲祖之姊妹在室者；《通典》又云，爲堂姑之在室者。注，謂父之同堂姊妹，《通禮》則作爲父從姊妹在室者。文異而義固不殊也。此志乃作爲從祖姑及堂姑在室者，其實，父之從姊妹即爲從祖姑，亦即堂姑，若祖之姊妹，當稱從祖祖姑，亦即祖姑，不得稱從祖姑，今混而爲一，可謂失檢。

十頁上一行、二行　爲母之兄弟、姊妹及姊妹之子（二七二八頁二行）

按：《清通典》《通禮》小功條，皆有爲姊妹之子及女之在室者，按姊妹之子即外甥也，今乃改爲字作及字，而又与爲母之兄弟姊妹一語相連，甑其文氣，似姊妹之子爲母之姊妹之子，而非己之姊妹之子矣，可謂大謬。又姊妹之女在室者，亦不知何所據而删去。

十頁上三行　婦爲……夫之兄弟（二七二八頁三至四行）

按：《清通典》《通禮》小功條，皆有爲兄弟之妻与下文婦爲夫之兄弟前後相應，互爲施報，今止有下文無上文，蓋或泥於周道叔嫂無服，而不知其与清禮不符也。

十頁上四行　曰緦麻三月……（二七二八頁五行）

按：《清通典》、《清通禮》緦麻條，高、曾祖父母下，有族祖父母四字；又爲兄弟之曾孫女在室者下，有爲兄弟之孫女出嫁者，爲同堂兄弟之孫及孫女在室者二十二字；又爲再從姊妹出嫁者下，有爲同堂兄弟之女出嫁者十字。此皆删去。

十頁上七行　爲從祖姑（二七二八頁七行）

按：從字當刪，下文兩從祖姑同。

十頁上八行　妻之父母（二七二八頁八行）

按：妻上當有爲字。

十頁上十行　爲夫伯叔父母（二七二八頁十行）

按：夫下當有堂字。

十頁上十二行　爲夫同堂兄弟之妻與孫（二七二八頁十二行）

按：兄弟下當有子字，與字下當有同堂兄弟之五字。

同行下文　爲夫同堂兄弟孫之妻及孫女已嫁者（二七二八頁十二行）

按：同堂二字當刪，及字下當有兄弟之三字。

十頁下一行　爲本宗……堂姑在室者（二七二八頁十三至十四行）

按：《清通典》、《清通禮》，此文下有爲本宗堂姊妹之出嫁者十字。

總按：本志服制篇名爲依道光四年增輯《大清通禮》，而稱謂多與《清通典》及《清律》文同，而又任意刪節，脱略錯出，疏謬極矣！

樂志一

一頁後一行　下應鐘（二七四一頁二行）

按：應鐘上當有生字。

十三頁後五行　林鐘上生太簇（二七五二頁九行）

按：太簇下當重太簇二字。

十七頁後一行　分扐而節比（二七五八頁十二行）

按：扐當作扐。

樂志二

五頁前六行　大吕清宫（二七六九頁一行）

按：清宫下當有立宫二字。

五頁前十二行　清商（二七六九頁七行）

按：商當作角。

五頁後七行　太簇（二七七〇頁一行）

按：此下空白當有凡乙商宫四字。

十二頁前九行　一二音（二七八〇頁十四行）

按：一二當作三。

十五頁前十二行　上爲變宫之絃（二七八六頁十一行）

按：絃當作分。

十七頁前十一行　宮調之商（二七八九頁六行）

按：宮調上當有移字。

二十三頁前三行

按：自此行以下二十四行，皆見上文，誤重錯出，當删。

樂志三

樂章一

二頁前一行　穆思迴盻兮（二八〇五頁三行）

按：盻當作盼。

三頁前二行　敬盥陳乎（二八〇七頁六至七行）

按：陳字《清通考》作顒。

三頁前三行　注：臣深事兮邉昭甯居（二八〇七頁七行）

按：昭字當在深字下。

三頁後三行　肸蠁昭鑒兮（二八〇八頁八行）

按：鑒字《清通考》作臨。

四頁後一行　玉既陳兮，注：原性玉陳（二八一〇頁三行）

按：性當作牲。

四頁後六行　熙雲露兮瞻翠旌，殷闐澤兮展精誠（二八一〇頁九行）

按：露當作路，闐當作闓。

五頁後四行　熙和整馭兮（二八一二頁四行）

按：熙當作羲。

五頁後十二行　天所與兮（二八一二頁十三行）

按：與字《清通考》作于。

五頁後十三行　予小子兮懔降豐（二八一二頁十三至十四行）

按：懔降豐三字《清通考》作萬邦。

六頁前十一行　休氣夥順（二八一三頁十行）

按：順當作頣。

六頁前十三行　大雲雲漢詩八章（二八一三頁十三行）

按：上雲字當作雩。

六頁後四行　日維龍見（二八一四頁一至二行）

按：日當作曰。

七頁前四行 注：肅將享兮承筐篚，盥以薦兮孚有容（二八一五頁二行）

按：《清通考》筐篚二字互易，有容作有顒。

七頁前六行 注：憑龍酌兮吹鳳笙（二八一五頁四行）

按：酌當作勺。

七頁後一行 祈神祜兮永無疆（二八一五頁十二行）

按：祜當作祐。

又注：再手兮（二八一五頁十二行）

按：再下當有拜字。

七頁後八行 齊醍兮載獻（二八一六頁六行）

按：《清通考》載作再。

七頁後十行 金波穆穆兮珠焆黃（二八一六頁八行）

按：焆當作熉。

七頁後十二行 徹登豆兮湛露零（二八一六頁十行）

按：登當作登，下文同。

八頁前一行 御風和兮霞軿……福率土之黃丁（二八一六頁十二行）

按：風和二字誤倒，之字當作兮。

八頁前五行　仰載元功（二八一七頁三行）

按：載，《清通考》作戴。

八頁前七行　延跱雲駕兮（二八一七頁五行）

按：跱當作竚，下文同。

八頁前八行　瑞色曈曈（二八一七頁六行）

按：下曈字《清通考》作曨。

八頁後二行　威光畢煜（二八一七頁十二行）

按：畢疑本作畢[一]，《清通考》作奕。

八頁後四行　載酒清醑（二八一七頁十四行）

按：酒當作酌。

八頁後七行　裸獻徘徊（二八一八頁二行）

按：裸當作祼，下文同。

八頁後九行　几筵敬徹兮不敢陳（二八一八頁三至四行）

〔一〕「畢」通作「曅」。

按：敢，《清通考》作再。

九頁前十行　羮牆永慕（二八一九頁四行）

按：羮當作羹。

九頁前十二行　僾然有容（二八一九頁六行）

按：容，《清通考》作顒。

九頁後四行　還宫乂平（二八一九頁十一行）

按：《清通考》作送神還宫。

九頁後十二行　注：恪溥將兮俶來歌（二八二〇頁六行）

按：歌當作歆。

十頁前一行　恪溥將兮肅來歆（二八二〇頁八行）

按：肅，《清通考》作俶。

十頁前七行　還宫成平（二八二〇頁十五行）

按：《清通考》作送神還宫。

十頁後七行　青祇司職。（二八二一頁十五行）

按：祇當作祇。

十頁後八行　注：神視井疆（二八二二頁一行）

按：視，《清通考》作示。

十頁後十二行　注：予自今今（二八二二頁五行）

按：予下當有行字，下今字重出，當删。

十一頁後九行　露挹旌旛（二八二三頁一行）

按：挹當作浥。

十一頁後十二行　盍肴蒸兮（二八二四頁三行）

按：盍當作饁。

十二頁前二行　顧回靈眄兮（二八二四頁六行）

按：眄，《清通考》作盼。

十二頁前三行　焄蒿芬烈兮實冥通（二八二四頁七行）

按：實當作窨。

十二頁後五行　注：三王是隆（二八二五頁八行）

按：王當作五。

十三頁前九行　承天之德，陰下民（二八二六頁十一至十二行）

按：陰下當有隲字。

十三頁前十行　陳饋捧酎（二八二六頁十五行）

按：捧當作奉。

十三頁前十三行　百末蘭生（二八二七頁二行）

按：未當作末。

十三頁後二行　盥薦有孚（二八二七頁五行）

按：盥薦二字，《清通考》作顒若。

十三頁後十一行　奠帛、獻初宜豐（二八二八頁三行）

按：獻初二字誤到。

十四頁前十二行　神垂鴻祜兮（二八二九頁二至三行）

按：祜，《清通考》作祐。

十四頁前十三行　福我兮人民（二八二九頁四行）

按：人民二字，《清通考》互易。

十四頁後三行　曰雨曰雨（二八二九頁七行）

按：下曰字當作而。

十四頁後九行　神思陟降兮（二八二九頁十二至十三行）

按：思，《清通考》作斯。

十五頁前五行　奏瑶笙兮肅祼將（二八三〇頁七行）

按：祼當作裸。

十五頁後七行　邁周岐越殷土（二八三一頁八行）

按：岐下當有兮字。

十七頁前四行　流景祚翊昌時（二八三四頁三行）

按：祚下當有兮字。

十七頁後三行　秉氣靈躔（二八三五頁一行）

按：秉氣下當有兮字。

十八頁後二行　祈穀（二八三六頁十三行）

按：穀當作穀，下文同。

同行　民食乃天（二八三六頁十三行）

按：當作食乃民天。

十八頁後八行　薦告蠲（二八三七頁四行）

按：告當作吉。

十九頁前一行　與天同用（二八三七頁十行）

按：同用，《清通考》作用同。

十九頁前六行　奔容若臨（二八三七頁十四至十五行）

按：容，《清通考》作顒。

又按：清仁宗諱顒琰，故樂章中顒字皆改作容，《清通考》或缺筆作顒，或省偏旁作禺，皆非本字也。

十九頁前九行 仁氣布和（二八三八頁三行）

按：氣，《清通考》作風。

樂志四

樂章二

二頁後七行 海寓昇平樂事多（二八四二頁十四行）

按：寓當作寓，寓即籀文宇字。

三頁後三行 羣辟奏瑤珂（二八四四頁六至七行）

按：奏，《清通考》作集。

三頁後七行 玉宸且婺中（二八四四頁十一行）

按：且當作旦。

四頁後十一行 搏拊戛鳴球（二八四六頁十三行）

按：戞當作戛。

四頁後十三行 六合熙熙（二八四六頁十五行）

按：熙熙，《清通考》作禺禺。

五頁前四行 露白飊清蜊寒（二八四七頁四行）

按：蜊當作冽。

五頁後七行 照乎若日正三辰（二八四八頁五行）

按：照當作昭。

六頁前三行 梧岡彩鳳雝階鳴（二八四八頁十五行）

按：階當作喈。

六頁後十行 芳酎會醇（二八五〇頁八行）

按：會當作含。

八頁前十一行 聖化滂洋（二八五三頁九至十行）

按：滂，《清通考》作汪。

八頁後九行 瀛文（二八五四頁八行）

按：文，《清通考》作丈。

九頁前九行 恩市寓（二八五五頁八行）

按：市寓當作市寓。

九頁前十三行　丈巍煥，又龐褫衍（二八五五頁十三行）

按：丈當作文，褫當作褫。

十頁後五行　福壽協慈幃（二八五八頁四行）

按：幃，《清通考》作徽。

十頁後十二行　瑶宫靄紫煙，日麗彤墀百福全（二八五八頁十四行）

按：瑶宫，《清通考》作璿宫；彤墀，《清通考》作丹幃。

十頁後十三行　翠翟耀瓊筵（二八五八頁十四至十五行）

按：翠當作翬。

十一頁前八行　注：關睢之德（二八五九頁八行）

按：睢當作雎，下文同。

十一頁後三行　賡詩蜆洽陽（二八六〇頁二至三行）

按：蜆當作媲。

十二頁後十二行　海寓熙（二八六二頁十五行）

按：寓當作寓，下文同。

十四頁前八行　泰韶韺（二八六五頁十一行）

按：泰當作奏。

十四頁後十二行 歌徧垓埏（二八六七頁一行）

按：歌下當有聲字。

十五頁前六行 翟禕（二八六七頁十行）

按：禕當作褘，下文禕服亦當作褘服。（二八六九頁十二行）

十六頁前六行 雅叶宮懸

按：雅下當有樂字。

樂志五

樂章三

二頁前七行 瓞緜緜（二八七七頁七行）

按：瓞上當有瓜字。

三頁後一行 祈寒暑雨（二八七九頁九行）

按：祈當作祁。

三頁後四行 天心賜福（二八七九頁十二行）

按：賜當作錫。

三頁後五行　太平恭已垂裳治（二八七九頁十二行）

按：已當作己。

四頁前三行　天漿泛玉杯（二八八〇頁七行）

按：杯，《清通考》作罍。

五頁前七行　鈞天奏徹箾韶（二八八二頁六行）

按：《清通考》奏徹下重出奏徹二字，分作兩句。當從之。

五頁前十行　日麗霄（二八八二頁九行）

按：霄上當有層字。

五頁後十三行　家洽人足之章（二八八三頁十行）

按：洽當作給。

同行　仙廚瓊粒兮巳箸香（二八八三頁十行）

按：巳當作匕。

六頁前七行　帝座臨瑞階（二八八四頁三行）

按：瑞當作瑶。

七頁前三行　五雲深處（二八八五頁十行）

按：五雲深處，《清通考》作孫曾四代。

七頁前五行 同瞻光被（二八八五頁十二行）

按：同瞻光被，《清通考》作卅載重提。

七頁前七行 紆金紫（二八八五頁十三行）

按：《清通考》紆金紫下重紆金紫一句，當重之。

七頁前十三行 陳玉帛以將之。（二八八六頁四行）

按：此句下，《清通考》重出陳玉帛以將之一句，當從之。

七頁後四行 天潢喜會（二八八六頁七至八行）

按：喜當作嘉。

八頁前八行 五雲長奉紫霞杯（二八八七頁九行）

按：奉當作捧，下文奉出亦當作捧出。

八頁前十一行 卿雲色響瓊枝映（二八八七頁十二行）

按：響當作嚮。

八頁前十三行 金珠滿溢（二八八七頁十四行）

按：金當作珍。

八頁後七行 頌茂緒（二八八八頁五行）

按：此句《清通考》作仰聖系。

九頁前一行　全書三萬奎文麗（二八八八頁十三行）

按：全字，《清通考》作金。

九頁前四行　宸躬撫錫徧羣黎（二八八九頁一行）

按：撫字，《清通考》作敷。

九夏前五行　五皇（二八八九頁二行）

按：五皇，《清通考》作吾皇。

九頁後十行　天恩（二八九〇頁四行）

按：《清通考》天恩作天顔。

十頁前九行　新詔令（二八九〇頁十五行）

按：詔，《清通考》作頒。

十頁前十行　剪綵來朝勝（二八九〇頁十五行至二八九一頁一行）

按：《清通考》來朝作明朝。

駢蕃瑞葉筵前應（二八九一頁一行）

按：《清通考》駢蕃作都來。

十頁前十一行　瑶檻趨迎，瓊陛階升（二八九一頁一行）

按：《清通考》趨迎作如迎，階升作如繩。

十頁前十二行　低傍前檻（二八九一頁二行）

按：檻當作楹。

十頁後四行　古儒傅會（二八九一頁七行）

按：古儒，《清通考》作古儀。

十頁後六行　六膳携歸（二八九一頁九行）

按：携當作攜，《清通考》作移。

十頁後十二行　青鎖朱户（二八九一頁十五行）

按：鎖當作瑣，瑣下當有連字。

十一頁前六行　巍換天書（二八九二頁七行）

按：換當作煥，《清通考》巍煥作琬琰。

十一頁前十三行　鶴在丹墀（二八九二頁十四行）

按：丹墀，《清通考》作軒墀。

十一頁後一行　玉楣……伍經（二八九二頁十五行）

按：《清通考》玉楣作雲楣。伍當作五。

十二頁前三行　祥雲履阿閣（二八九三頁十四行）

按：履當作覆。

十二頁前八行　五車四庫擷精英（二八九四頁四行）

按：精當作菁。

十二頁後十行　辦五更（二八九五頁三行）

按：辦當作辨。

十二頁後十三行　諏曰吉辰良（二八九五頁七行）

按：曰當作日。

十三頁前十二行　物宜差（二八九六頁三行）

按：物當作特。

十三頁後五行　深賁喜盈階（二八九六頁九行）

按：深當作琛。

十三頁後十一行　鴟張巴蜀……顯巍巍（二八九六頁十四至十五行）

按：《清通考》鴟作豨，顯作顫。

十三頁後十三行　覲光揚烈（二八九七頁二行）

按：覲，《清通考》作耿。

十四頁前九行，十行　春盎春衢（二八九七頁十一行）

按：春衢，《清通考》作雲衢。

十四頁後一行　曈曨旭日照宸居（二八九七頁十五行）

按：曈曨，《清通考》作曈曈。

十四頁後十行　高奉霞觴（二八九八頁七行）

按：奉，《清通考》作捧，下文同。

十五頁後一行　邪氛綏靖斬鯨鯢（二八九九頁九行）

按：斬鯨鯢三字，《清通考》重出，是，當從之。

十五頁後五行　御筵瞻啓（二八九九頁十二行）

按：瞻當作載。

十六頁前三行　樂帡幪（二九〇〇頁七行）

按：《清通考》此句作望光禺三字。

十六頁前九行　奏師朦（二九〇〇頁十三行）

按：朦當從目作矇。

十六頁後九行　霄漢朗（二九〇一頁十行）

按：《清通考》此三字作真爽朗。

十六頁後十三行　恩普德祥（二九〇一頁十三行）

按：祥當作洋。

十七頁後十二行　擕袖異香霏……延燕礐（二九〇三頁十至十一行）

按：擕當作攜，礐當作喜。

十八頁前三行　欣喜會（二九〇三頁十四行）

按：喜當作嘉。

十八頁前十三行　獻嘉瑤（二九〇四頁八行）

按：瑤當作瑞。

二十二頁前十一行　洙泗發長源（二九一〇頁十五行）

按：長源當作源長。

二十二頁前十二行　彤廷舞縮（二九一一頁一行）

按：縮當作蹈。

二十二頁後三行　況生平温飽（二九一一頁七行）

按：生平二字當互易。

二十二頁後五行　泰巖（二九一一頁九行）

按：泰，《清通考》作岱。

二十三頁前四行　臭蘭之净（二九一二頁七行）

按：浄當作淨。

二十三頁前八行 王庚便便（二九一二頁十一行）

按：王庚，《清通考》作由庚。

二十三頁前十二行 凡百君子，審所依兮（二九一二頁十五行）

按：《清通考》審下有乃字。依上文句例，當從之。

樂志六

樂章四

二頁後一行 勵精才晷（二九一七頁十五行）

按：才當作十。

三頁前八行 雍容舞疊（二九一九頁五至六行）

按：疊下當有獻字。

四頁前七行 協皇心兮降（二九二〇頁十五行）

按：降下當有康字。

同行 上爾扈特（二九二〇頁十五行）

按：上當作土。

四頁後三行　甘雨祈祈（二九二一頁九行）

按：祈祈當作祁祁。

五頁前一行　歡喜上臺（二九二二頁六行）

按：臺上當有春字。

五頁前十二行　至哉神極（二九二三頁二行）

按：神當作坤。

五頁後二行　璗册繆章（二九二三頁五行）

按：繆當作璆。

七頁前一行　拜舞瞻天仗（二九二五頁十三行）

按：天仗，《清通考》作仙仗。

七頁前四行　萬業純常（二九二六頁一行）

按：業當作葉。

七頁前五行　祝鴻禧兮歲共有（二九二六頁一至二行）

按：共當作其。

七頁前九行　義正以育（二九二六頁七行）

按：以字下當有仁字。

八頁前七行　黄河安恬曰東注（二九二八頁一至二行）

按：曰字當作日。

八頁前十二行　今兹己卯六旬聖節（二九二八頁六行）

按：依上下文句例，己卯下當有兮字。

八頁後四行　星情則（二九二八頁十二行）

按：星當作皇，則字下當有怡字。

九頁前五行　萬拜爲鏡（二九二九頁十至十一行）

按：拜當作邦。

九頁後十一行　喦巢屺止，堅卡墮止（二九三一頁二行）

按：屺當作圮，墮當作隳。

十頁前三行　勒諸瓊玖（二九三一頁六行）

按：瓊玖，《清通考》作琬琰。

同行下文　昇平膚功克奏（二九三一頁六至七行）

按：此六字誤衍當删。

十頁前十行　遐方尊主（二九三一頁十五行）

按：主當作王。

十頁前十二行　惸獨遂生（二九三二頁二行）

按：遂生之下，《清通考》有豈曰窮兵四字，當補。

十頁後二行　回長捕頳（二九三二頁五行）

按：捕當作搏。

十頁後三行　攙槍淨掃（二九三二頁六行）

按：攙當作欃，从木不从手。

十頁後十二行　蠲厥祖賦（二九三二頁十五行）

按：祖當作租。

十一頁前十行　八種成壤兮，實人世常（二九三三頁十二行）

按：壤當作壞，世字下當有之字。

十一頁後二行　衺以至誠（二九三四頁二行）

按：衺當作襄。

十一頁後十行　羣相胇附。（二九三四頁八行）

按：胇當作肺。

十二頁前十行　際聖明詩（二九三五頁六行）

按：詩當作時。

十二頁後七行 慮而後動（二九三五頁十五行）

按：依上下文句例，動下當有兮字。

十三頁前四行 令聞宜揚，北邙悲矣（二九三六頁十行）

按：宜當作宣，矣字，《清通考》作歟，當從之。

十三頁後二行 下士頓起（二九三七頁五至六行）

按：起，《清通考》作超。

十三頁後三行 豈奚易逅（二九三七頁七行）

按：奚，《清通考》作伊。

十三頁後四行 僮兮祈兮（二九三七頁八行）

按：祈當作祁。

十三頁後五行 莫執左道蟊賊（二九三七頁九行）

按：左道下當有兮字。

十四頁前三行 水無常（二九三八頁五行）

按：水字，《清通考》作業。

十四頁前六行 罔不畏兮（二九三八頁八至九行）

按：《清通考》不下有可字。

十四頁前十二行 似青葉上之青色（二九三八頁十四行）

按：似下青字誤衍。

樂志七

樂章五

二頁後十一行 盤旅處（二九四六頁六至七行）

按：旅當作旋。

二頁後十二行 解置去絡仍弛罟（二九四六頁七行）

按：置當作罝。

同行 天心祜（二九四六頁八行）

按：祜當作祐。

三頁後一行 更籌嚮（二九四七頁六行）

按：嚮當作響。

三頁後十行 祝君王（二九四八頁一行）

按：君王，《清通考》作吾君。

三頁後十一、十二行　道餘糧棲畝，又長嘉苗（二九四八頁二行）

按：此九字重出。

四頁後三行　流星旌電屬兮，盻坱圠以無垠（二九四九頁三至四行）

按：旌下當有而字，盻當作盼。

四頁後九行　葱龍佳氣（二九四九頁九行）

按：葱當作蔥。

五頁前九行　窈窕（二九五〇頁七行）

按：窈當作窔。

五頁後五行　載千（二九五〇頁十五行）

按：此二字《清通考》作戴干。

六頁後十三行　芙蓉萼（二九五三頁一行）

按：萼當作崿。

七頁前一行　聚蔥菱，儼齞齵（二九五三頁二行）

按：菱当作蔆，齵當作齵。

七頁後八行　鶬雞麖鴇羣游戲（二九五四頁七行）

按：麐當作麇。

八頁前二行 被光華（二九五四頁十四行）

按：光華，《清通考》作元華，元即玄字，避清聖祖諱而改。

九頁前八行 文予復文孫（二九五六頁十三行）

按：予當作子。

九頁前十一行 韋來同（二九五七頁一行）

按：韋當作聿。

九頁後一行 帝郊天（二九五七頁五行）

按：郊天，《清通考》作效天。

九頁後十三行 乃自易將速進師（二九五八頁二行）

按：《清通考》自作四。

十頁前九行 旅軍暫以休（二九五八頁十一行）

按：旅當作旋。

十頁後一行 藩爾畊（二九五九頁一行）

按：畊下當有牧字。

十一頁後十行 田隴之畈（二九六一頁七行）

按：田，《清通考》作日。

十二頁前五行　縛之連雞（二九六一頁十四至十五行）

按：之字下當有如字。

十二頁前六行　則死守（二九六二頁一行）

按：則當作賊。

十二頁後十一行　馬邦拾芥彼自隨，陸置水罟會我師（二九六三頁四行）

按：隨當作隳，置當作罝

十三頁前八行　軀背鐙（二九六三頁十五行）

按：鐙當作鎧。

十三頁後八行　轟雷製電（二九六四頁十一行）

按：製當作掣。

十四頁前一行　羽儀絡繹在春田駐（二九六五頁二行）

按：此八字爲句，《清通考》重出不可省。

十四頁前十二行　祥雲汜濩（二九六五頁十三行）

按：汜當作氾。

十四頁前十三行　蕭索輪困（二九六五頁十四行）

按：困當作囷。

十四頁後九行 桑罨靄（二九六六頁六至七行）

按：桑下當有麻字。

十五頁前七行 連中央（二九六七頁二行）

按：連當作運。

十五頁後二行 周岐漢沛甯相讓（二九六七頁九至十行）

按：此句下，《清通考》有：緑水環青嶂，龍興氣蜿蜒，牛渡波瀠漾十五字。

十五頁後三行 民順心（二九六七頁十一行）

按：民順二字當互易。

十五頁後九行 看中林，罝（二九六八頁二行）

按：罝當作罝或省作罝。

十六頁前十一行 乘翳玉蚪（二九六九頁一行）

按：蚪當作虬。

十六頁後二行 紅雲隨過翠（二九六九頁四行）

按：翠當作輂。

十六頁後五行 貴人賤勇（二九六九頁七行）

按：人當作仁。

十六頁後六行　雲赫萬國聳千秋（二九六九頁八行）

按：雲當作震。

十六頁後八行　玉輅統貔貅（二九六九頁九至十行）

按：玉輅，《清通考》作玉輦。

十六頁後十一行　皇度（二九六九頁十三行）

按：《清通考》皇作王。

十六頁後十三行　皇之士……皇之佐（二九六九頁十四行）

按：兩皇字《清通考》皆作王。

十七頁前二行　舟車至，盡來王（二九七〇頁二行）

按：此句六字，《清通考》疊出，當從之。

十七頁前十一行　屬車相望（二九七〇頁九行）

按：此句四字，《清通考》疊出，當從之。

十七頁後六行　成旉暢（二九七一頁二行）

按：成當作咸。

十七頁後十二行　齊來朝貢（二九七一頁七至八行）

按：齊來，《清通考》作咸來。

十八頁前一行　閱五載，禮成巡狩叶車攻（二九七一頁九行）

按：此二句《清通考》重出，當從之。

十八頁前三行　萬福來同（二九七一頁十二行）

按：萬福下《清通考》有聿字。

十八頁前六行　山開得者銀甕（二九七一頁十四行）

按：者字在句中用作語詞，《清通考》作這，各樂章皆同。

十八頁前十二行　率俾提封。編氓（二九七二頁五行）

按：率俾，《清通考》作率彼。

十八頁後九行　非法駕（二九七二頁十三行）

按：非當作排。

十九頁前一行　虹旓綵仗五雲連（二九七三頁三行）

按：連，《清通考》作邊。

十九頁前五行　雲沙輦路芊芊（二九七三頁六至七行）

按：路下當有草字。

十九頁前六行　霓詠大羅仙（二九七三頁七行）

按：詠，《清通考》作舞。

十九頁前九行　霓燭映星旄（二九七三頁十至十一行）

按：霓當作電。

十九頁前十三行　感天恬冒（二九七三頁十四行）

按：恬當作怙。

二十頁前五行　叢花練繞（二九七五頁三行）

按：練當作繚。

二十頁前六行　式儀容。（二九七五頁四行）

按：儀容，《清通考》作顒卬。

二十頁前九行　序入恢台（二九七五頁六行）

按：恢台，《清通考》作朱明。

二十頁前十行　芰荷香帶御鑪香（二九七五頁七行）

按：御鑪香三字一句，《清通考》疊出，當從之。

二十一頁前十三行　爻閶赤轡……露大星施（二九七七頁三至四行）

按：轡當作帟，大當作犬。

二十一頁後四行　懷柔神祇（二九七七頁七行）

按：祇當作祗。

二十二頁前三行　俾撫殘戎釋綱羅（二九七八頁四行）

按：綱當作網。

二十五頁前五行　蠲祖稅也（二九八三頁三行）

按：祖當作租。

二十五頁後三行　言還宫齋袚（二九八三頁十三行）

按：袚當作祓。

二十五頁後九行　梁詩正平定金川雅（二九八四頁三行）

按：正下當有上字。

二十五頁後十一行　按旅組征（二九八四頁五行）

按：組當作徂。

二十五頁後十二行　番戎機以摧堅鋭也（二九八四頁六行）

按：番當作審。

二十六頁前一行　中無疆也（二九八四頁七行）

按：中當作申。

樂志八

二頁後七行　二孔並間（二九八八頁三至四行）

按：間當作開。

二頁後十三行　虡其中以受管（二九八八頁九至十行）

按：虡當作虛。

五頁後三行　其一部曰鐃歌鼓吹（二九九三頁五行）

按：一部當作部一。

十頁後三行　銅弦之末（三〇〇三頁一行）

按：銅當作鋼。

十五頁後十一行　安南國樂（三〇一一頁十五行）

按：安南以下當提行別起。

輿服志一

二頁前十一行　兩端軫長一丈一尺五分（三〇一五頁十行）

按：《清通考》一尺下有一寸二字。

二頁後二行　注：下有十二楇（三〇一五頁十四行）

按：有十兩字當互易。

四頁後三行　垂幨三層（三〇一九頁八行）

按：三層，《清通考》作二層。

五頁後九行　踏几高二寸（三〇二二頁八行）

按：《清通考》二寸作三寸。

六頁前八行　櫺四起（三〇二三頁六行）

按：起，《清通考》作啓。

六頁前九行　中設朱座（三〇二三頁七行）

按：朱座下《清通考》有高一尺七寸五字。

六頁前十一行　中爲鐵鋄（三〇二三頁九行）

按：鋄，《清通考》作鋄。按鋄音亡范切，《玉篇》訓爲馬首飾；鋄音蘇叟切，《爾雅·釋器》鏤鋄也。兩字音義各别，此處義爲刻鏤，當以作鋄爲是。

七頁前四行　鐵鋄金鑽（三〇二四頁十三行）

按：此四字《清通考》作鑽以鐵鋄金。

七頁前五行　金圓頂（三〇二四頁十五行）

按：《清通考》金字作銀，以作銀圓頂爲是，惟其爲銀，故下文云塗金。

九頁前七行　注：藍垂緣（三〇二九頁二行）

按：緣當作幨。

輿服志二

一頁後一行　夏收殷哻（三〇三四頁三至四行）

按：哻當作冔。

二頁前七行　衮服色用石青（三〇三五頁七行）

按：衮服以下當提行。

三頁前一行　及羽緞爲之（三〇三六頁十一至十二行）

按：及字上當有以氈二字。

五頁前三行　朝珠一珠盤（三〇四〇頁一至二行）

按：一下珠字誤衍。

五頁後十二行　碧瑶玜（三〇四一頁九行）

按：玜當作玒。

輿服志三

二頁前三行 曰字上脱去一寶，當據《清通考》補入，凡三十一字，如左：曰「敕正萬邦之寶」，以誥外國。青玉，方三寸八分，厚一寸五分。盤龍紐，高二寸三分。（三〇六七頁三至四行）

二頁前八行 素紐（三〇六七頁九行）

按：《清通考》素下有龍字。

三頁前七行 誠能勤令德（三〇六九頁二行）

按：勤下當有修字。

三頁前八行 篆不斯籀（三〇六九頁二至三行）

按：籀當作籒。

三頁後一行 則德足重（三〇六九頁八行）

按：重下當有寶字。

同行下文 今交泰殿所貯（三〇六九頁八行）

按：《清通考》此文下有歷年既久四字。

三頁後十一行 各篆（三〇七〇頁二行）

按：《清通考》篆下有體書二字。

四頁前六行　平臺高四寸四分（三〇七〇頁十一行）

按：高當作方。

六頁前五行　總管（三〇七五頁六行）

按：管，《清通考》作理。

七頁後二行　一寸九分（三〇七七頁十一行）

按：九分，《清通考》作六分五釐。

七頁後六行　都司銅關防（三〇七九頁五行）

按：《清通考》都司下有僉書二字。

七頁後七行　都司（三〇七九頁五行）

按：《清通考》都司上有營字。

八頁前七行　用之昭信（三〇八〇頁七行）

按：用之下，《清通考》有軍旅所以四字。

輿服志四

九頁前七行　注：護軍都領（三〇九七頁十二行）

按：都當作統。

選舉志一

學校上

二頁前三行　丁慶、告病（三一〇一頁一至二行）

按：慶當作憂。

四頁前七行　章程亦屢屢更，治初元（三一〇四頁十行）

按：重一屢字當删，治上脱一同字當補。

十頁後十行　太極圖語（三一一五頁十行）

按：語當作説。

選舉志二

學校下

六頁前十行　教育之有糸統自此始（三一三〇頁五行）

按：糸當作系，下同。

八頁前十一行　稽察不容不巖（三一三三頁九行）

按：巖當作嚴。

十四頁後四行　請裁撤學政（三一四四頁三行）

按：撤當作撤。

選舉志三

文科　武科

七頁後十一行　四川（三一五八頁十三行）

按：川當作省。

十一頁後十一行　楝選（三一六八頁五行）

按：楝當作揀。

選舉志四

制科　薦擢

三頁後四行　時方詔各省徵詔耆儒碩彥（三一七九頁十四行）

按：徵詔當作徵召。

四頁後四行　或舉之文舉（三一八一頁十二行）

按：文舉當作文學。

七頁後二行　乾隆四吏部奏請行取（三一八六頁十至十一行）

按：四字下脱年字。

八頁前十二行　褒擢廉史劉清（三一八八頁二行）

按：史當作吏。

九頁後二行　嚴澍森（三一八九頁十四行）

按：澍當作樹。

九頁後十二行　光緒七年，兩督臣張樹聲（三一九〇頁十一行）

按：兩下當有廣字。

十頁後六行　反坐舊主（三一九一頁十三至十四行）

按：舊當作薦。

選舉志五

封廕　推選

一頁後十行　乾隆五十一年改……從四品昭武都尉（三一九四頁十三行）

按：昭當作宣。

三頁前四行　依祖封外祖父母例（三一九六頁十四至十五行）

按：依祖之祖當作貤。

六頁後九行　俱給雲騎給（三二〇三頁一行）

按：下給字當作尉。

七頁後七行　贈布政使道員王鑫（三二〇四頁七行）

按：鑫當作鑫，已見前。鑫即珍之古文。

十頁前四行　十年，引月官（三二〇八頁六行）

按：引下當有見字。

選舉志六

考績

三頁前二行　堂官拔職司員（三二二四頁十二行）

按：職當作識。

選舉志七

捐納

一頁前六行　而現行事例否（三二三三頁正文三行）

按：否上當有則字。

六頁前四行　輸銀不遇六成有奇（三二四一頁十三至十四行）

按：遇當作過。

選舉志八

新選舉

二頁後十二行　頌布議院法（三二五〇頁八行）

按：頌當作頒。

九頁前二行　及落員人（三二六〇頁一行）

按：員當作選。

職官志一

六頁前八行　左右丞議（三二七四頁十三行）

按：議當作參。

八頁前十二行　府備把總（三二七九頁一行）

按：府當作守。

十一頁前八行　上下神（三二八四頁九行）

按：神下當有祇字。

十一頁後六行　簡典大臣領之（三二八五頁六至七行）

按：典下當有樂字。

十三頁後九行　注：凡杖審（三二八九頁九行）

按：杖當作秋。

十五頁前七行　辨物它材（三二九二頁三行）

按：它當作庀。

十五頁前十行　辨東珠等差（三二九二頁六行）

按：辨當作辦。

職官志二

一頁後二行　筆式帖（三二九七頁正文末行）

按：式帖二字誤倒。

二頁前七行　盟長副盟長各人（三二九八頁十三至十四行）

按：各下當有一字。

七頁後三行　注：宣統元年陞正四品（三三〇九頁十二行）

按：正當作從。

七頁後九行　郊廟神祇（三三一〇頁三行）

按：祗當作祇。

十五頁前四、五行　時憲科掌度驗歲差以均節氣（三三二四頁二至三行）

按：《清通考》時憲科掌推天行之度，驗歲差以均節氣。此處删去數字，以度驗連讀，非是。

十六頁前七行　鍼灸科（三三二六頁二行）

按：炙當作灸。

職官志三

外官

九頁後十三行　注：雍正二年，改置隸按察使銜（三三四八頁六行）

按：置當作直。

十四頁前六行　刺舉……督浦（三三五六頁八行）

按：剌當作刺，浦當作捕。

十五頁後三行　訓導主簿（三三五八頁十五行至三三五九頁一行）

按：訓導下當有改字。

職官志四

武職　藩部土司各官

三頁後九行　曰後所（三三六六頁四行）

按：後所下當有曰馴象所四字，方合六所之數。

七頁後九行　委署前鋒校，注：護軍内選選。藍翎（三三七三頁十二行）

按：上選字當作簡。

八頁前四行　注：饒騎校亦如之（三三七四頁七行）

按：饒當作驍。

十頁後十行　幫辦翼長二（三三七九頁六行）

按：二字下當有人字。

十一頁後十行　長子二人（三三八一頁四至五行）

按：長子下當有府字。

十一頁後十一行　注：一等三等各六人，二等五人（三三八一頁六行）

按：二三兩字當互易。

二十頁後十一行　駐陽襄。總兵二人（三三九八頁十四行）

按：陽襄二字當互易。

職官志五

二頁前九行　慈甯官（三四二三頁十行）

按：官當作宫。

食貨志一

户口　田制

六頁後二行　自雍正十三年，户部題準准福建臺灣府生番百九十九名彙入彰化籍云云（三四八八頁八行）

按：准即準之俗體，此字重出可删。

六頁後八行　地脈糸、血脈糸，即屬地、屬人兩義（三四八八頁十三至十四行）

按：糸當作系，下同。本書多亂，不勝枚訂。

十六頁前十二行　粤東有狼田猺田（三五〇四頁十二行）

按：繇當作猺。

十七頁後五行　羅應旒言（三五〇六頁十三行）

按：旒當作疏。

十九頁前十二行　增墊以來（三五〇九頁十一行）

按：墊當作墾。

二十六頁後四行　宜由各旗總管詳管詳晰呈明（三五二一頁十行）

按：詳管兩字誤衍。

二十七頁後九行　私招者黑户（三五二三頁七至八行）

按：者下當有曰字。

二十九頁前二行　命恰親王董其事（三五二五頁十行）

按：恰當作怡。

食貨志二

賦役　倉庫

一頁前六行　三省中猶以蘇、松、嘉、湖諸府爲最（三五二七頁正文三行）

按：猶當作尤。

十四頁前五行　豪滑者（三五四八頁十四行）

按：滑當作猾。

十九頁前五行　亦必稍抵其價（三五五七頁五至六行）

按：抵當作低。

二十二頁前十行　時兩准衆商（三五六二頁七至八行）

按：准當作淮。

食貨志三

漕運

二頁前十二行　先、汝二州（三五六七頁十一行）

按：先當作光。

十三頁後十行　自雇民餘（三五八五頁十五行）

按：餘當作船。

食貨志四

鹽法

三頁前十一行　乞交酌部議（三六〇七頁九行）

按：酌部二字當互易。

三頁後八行　至是海内股富，准南甯國（三六〇八頁三行）

按：股當作殷，准當作淮。

四頁前二行　兩准鹽課（三六〇八頁十行）

按：准當作淮。

四頁前六行　歸長蘆兼營（三六〇八頁十四行）

按：營當作管。

五頁前三行　至淮南曬掃云云（三六一〇頁三至五行）

按：戴音保原奏云：又淮安之北五場用潮水曬掃成鹽，難与火伏一例，請責令各場官凡日掃之鹽全數送入商垣，餘鹽令商人收買配運，酌加引課，報部查核。此處删改過多，意不明顯，且原奏商人收買者爲餘鹽，非曬掃之全數，今不加分别，尤失原意。

六頁前十二行　署月多耗（三六一二頁十行）

按：署當作暑。

六頁後十三行　猶甚（三六一三頁七行）

按：猶當作尤。

十頁前二行　奏定章程十一條（三六一八頁六行）

按：下文止十條，十下一字誤衍。

十頁前十三行　沐陽（三六一九頁二行）

按：沐當作沭。

十三頁前八行　約四千餘兩額（三六二三頁九行）

按：額字衍。

十五頁前二行　憂雲（三六二六頁九行）

按：憂當作慶。

十六頁後七行　賴鹽釐其接濟（三六二九頁三行）

按：其字衍。

十八頁前三行　淮鹽得稍行楚岸（三六三一頁五至六行）

按：稍當作銷。

十九頁前一行　拖欠（三六三二頁十五行）

按：拖字上文已見，此重出。

二十頁後六行　商因課逋（三六三五頁十一至十二行）

按：因當作困。

二十一頁前二行　新疆向聽民製銷（三六三六頁六行）

按：製當作掣。

二十三頁前九行　統改岸販，淮自赴總局完納（三六三九頁十五行至三六四〇頁一行）

按：淮當作准。

食貨志五

錢法　茶法　鑛政

一頁前一行　滿文爲一品錢質較漢文一品爲大（三六四一頁正文一行）

按：滿文下爲字誤衍。

一頁後四行　定爲書一通行之制（三六四二頁七行）

按：書當作畫。

二頁前一行　禁錢一兩易錢毋得不足一千（三六四三頁一行）

按：禁下錢字當作銀。

二頁前二行　乃發五城平糶銀易銀以平其價（三六四三頁二行）

按：糶下銀字當作錢。

六頁前十行　常留寶泉鑄六分制錢（三六五〇頁二行）

按：常當作尚。

七頁前一行　出使大臣汪大爕（三六五一頁二行）

按：爕當作燮。

十頁前九行　以七元爲一筒（三六五六頁十行）

按：元當作斤。

十三頁後一行　年色（三六六一頁十二行）

按：年當作中。

十五頁前五行　得彼族人力所奪（三六六四頁六行）

按：得當作爲。

十七頁後十二行　南南常甯（三六六九頁三行）

按：上南字當作湖。

十七頁後十三行　新淮（三六六九頁四行）

按：淮當作化，指湖南新化縣。

十八頁前六行　大治之鐵（三六六九頁十行）

按：治當作冶。

十九頁前十行　徵江（三六七一頁七至八行）

按：徵當作瀓。

食貨志六

征榷　會計

十二頁後十行　不得少餘（三六九二頁十一行）

按：餘當作於。

十五頁後六行　浙江裁併十六十（三六九七頁七行）

按：下十字當作卡。

十六頁前十一行　泄沓（三六九八頁九行）

按：沓當作沓。

十八頁後四行　應預籌的疑（三七〇二頁五行）

按：疑當作款。

十九頁前一行　如於末滿之七年期内（三七〇二頁十四至十五行）

按：末當作未。

十九頁前三行　尚本底定（三七〇三頁一行）

按：本當作未。

十九頁前四行　歲出尤距（三七〇三頁二行）

按：距當作鉅。

十九頁後一行　蘆課、魚課爲十四萬有奇（三七〇三頁十一行）

按：萬下當有兩字。

十九頁後二行　牙、當等税爲十六萬有奇（三七〇三頁十二至十三行）

按：萬下當有兩字。

十九頁後十行　更走漕船（三七〇四頁六行）

按：走當作定。

二十二頁前七行　經常六百九十九萬兩（三七〇八頁一行）

按：兩字衍。

二十二頁後一行　經常三常（三七〇八頁六行）

按：下常字當作百。

二十二頁後九行起始四字　四十六萬（三七〇八頁十四行）

按：萬當作兩。

河渠志一

黄河

九頁後十三行　銅瓦廂溜勢上提（三七二九頁十四行）

按：提當作隄。

十頁前十二行　即盱堰亦資穩固（三七三〇頁十至十一行）

按：盱當作圩。

二十頁前四行　即立意諉卸（三七四六頁三行）

按：即當作既。

河渠志二

運河

四頁前八行　今注沭河（三七七四頁十三行）

按：沭當作沭。

十三頁後九行　宜爲籌辦者（三七九〇頁七至八行）

按：宜下當有預字。

十四頁前六行　今必屈曲注之南行（三七九一頁二行）

按：注當作使。

河渠志四

直省水利

三頁後九行　原司自行疏濬（三八二八頁二行）

按：司當作由。

四頁後十二行　甘、凉、肅三處（三八二九頁十四行）

按：凉當作涼。

十一頁前四行　莆田木蘭坡（三八四〇頁二行）

按：坡當作陂。

十三頁前十行　悉成巨漫（三八四三頁十三至十四行）

按：漫當作浸。

十三頁後八行　濬海州沐河（三八四四頁九行）

按：沐當作沭。

十九頁後十三行　湖南堰圩廳（三八五四頁九行）

按：湖當作淮。

二十頁前十二行　被湖衝嚙（三八五五頁五行）

按：湖當作潮。

兵志一

八旗

五頁後十二行　自吉林移駐水師營（三八六七頁五行）

按：移下駐字衍。

九頁後二行　葉闢羌（三八七三頁七行）

按：闢當作爾，羌當作羌。

十頁後八行　葉蒙羌（三八七五頁五行）

按：蒙羌當作爾羌。

十二頁前七行　於本旗（三八七七頁八行）

按：本旗下當有外字。

十三頁前六行　烏槍七之（三八七九頁一行）

按：烏當作鳥。

十三頁後七行　醇王圍寢守護兵（三八七九頁十四至十五行）

按：圍當作園。

十四頁後八行　養育二千二百四（三八八一頁十二行）

按：育下當有兵字。

十四頁後十三行　倉甲九（三八八二頁二行）

按：倉甲下當有十字。

十五頁前三行　凡二百有七人（三八八二頁五行）

按：二百有七人當作二百九十九人。

十五頁前十二行　催百二十（三八八二頁十五行）

按：催上當有領字。

十六頁後三行　馬甲千六百四千（三八八四頁十五行）

按：四千當作四十。

十八頁後九行　護軍二十二十六（三八八八頁十四行）

按：上二十當作二百。

十八頁後十一行　收三百有九人（三八八九頁一行）

按：收當作凡。

兵志二

緑營

一頁前十三行　總兵以官及十六門（三八九二頁五行）

按：以官二字當乙轉。

一頁後八行　或游擊以下將（三八九二頁十四行）

按：將下當有領字。

八頁後十三行　其餘撫提鎮協諸營統將，各裁統將（三九〇四頁十三行）

按：前統將二字重出可删。

九頁後三行　實行裁汰，惟淮練巡防各營（三九〇五頁十四行）

按：淮當作准。

十頁後二行　注：右營（三九〇七頁八行）

按：右營當在鎮標左營下，中空一格。此右營亦屬鎮標也。

十二頁後二行　注：鎮標營中（三九一〇頁十五行）

按：營中當作中營。

十三頁前八行 兼轄順良協（三九一三頁五行）

按：良當作昌。

十四頁後二行 注：鳳坪廳屯（三九一五頁十二行）

按：鳳下當有凰字。

十五頁前六行 兼轄鎮安城等守營（三九一七頁二行）

按：等守二字當互易。

兵志三

防軍 陸軍

一頁前十三行 粤捻既（三九三〇頁三行）

按：既下當有平字。

十一頁前七行 等官（三九四六頁一行）

按：等字誤衍。

兵志四

二頁後十二行　議者幾鄉謂團之無益（三九五二頁十一行）

按：謂字當在鄉字上。

五頁前十二行　若必以大僚繼任之（三九五六頁十二行）

按：繼當作綜。

兵志五

土兵

六頁前九行　轄□山四十四（三九七二頁八行）

按：轄下空格當作猺字。

六頁後五行　灌陽狼兵最少，臨桂最多（三九七三頁一行）

按：上文無灌陽而結語有之，疑上文有脱漏。

九頁後二行　思南府屬（三九七七頁三行）

按：思南府屬上文已見，疑有一誤。

九頁後十一行 平頭箸可官官司（三九七七頁十四行）

按：可下官字當作長。

十頁前三行 西甯管轄四十族（三九七八頁四行）

按：此處止三十九族，不足一族。

十頁前十三行 顆爾札麻蘇他爾（三九七八頁十一至十二行）

按：此七字重出。

兵志六

水師

三頁前二行 五年（三九八四頁十二行）

按：五當作四。

三頁後十行 民聞苦累（三九八六頁二行）

按：聞當作間。

四頁前四行 一律收小（三九八六頁九行）

按：收當作改。

五頁前三行　各船應收之船（三九八八頁二行）

按：各船當作各廠。

五頁前十一行　船堅炮利（三九八八頁八行）

按：炮當作砲，下同。

八頁前五行　乃減删減歸併（三九九三頁二至三行）

按：上減字衍。

八頁後九行　戰宜宜厚集兵力（三九九四頁四行）

按：衍一宜字。

十四頁前十三行　今參將各率水師（四〇〇三頁十一行）

按：今當作令。

十四頁後六行　自人（四〇〇四頁二行）

按：當作人自。

十五頁後九行　裁撤（四〇〇六頁十二行）

按：撤當作撤。

十六頁前二行　總官（四〇〇七頁五行）

按：官當作兵。

十六頁前五行 游以擊下（四〇〇七頁八行）

按：以擊二字誤倒。

十六頁前九行 沙船二船（四〇〇七頁十三行）

按：下船字當作艘。

十九頁前一行 設將副各官，哨四艘（四〇一二頁六行）

按：將副二字當互易，哨下當有船字。

十九頁前十一行 一專防防（四〇一三頁二行）

按：防字誤重。

十九頁前十二行 一專（四〇一三頁二行）

按：專下當有防字。

二十一頁後十二行 左右哨船（四〇一七頁六行）

按：右當作營。

二十四頁後六行 底州（四〇二一頁八行）

按：底當作辰。

二十七頁前十一行 水師提衙署置中營（四〇二六頁十五行）

按：衙當作督，營字衍。

兵志七

海軍

三頁前四行 東南北二洋（四〇三三頁三行）

按：二當作三。

四頁前九行 以估陸軍（四〇三五頁二行）

按：估當作佐。

五頁前十行 阸守（四〇三六頁十三行）

按：阸當作扼。

十三頁後七行 爲拒隘之所（四〇五一頁十二行）

按：拒當作扼。

十四頁後五行 李鴻章回英國（四〇五三頁五行）

按：回當作向。

十七頁前十二行 拖船價銀（四〇五九頁六行）

按：船下當重一船字。

十八頁後十三行　其屬於舊式者曰（四〇六一頁十五行）

按：曰字衍。

兵志八

邊防

五頁後五行　以固邊圍（四〇七一頁四行）

按：圍當作圉。

五頁後六行　取逮瓴之勢也（四〇七一頁五行）

按：逮當作建。

六頁後十三行　處處錯壞（四〇七三頁八行）

按：壞當作壞。

七頁後九行　先緒十三年（四〇七四頁十三行）

按：先當作光。

八頁前四行　柳選選（四〇七五頁六行）

按：柳當作楝，下選字衍。

八頁前七行 白關以東（四〇七五頁九至十行）

按：白當作自，下文同。

八頁後三行 加宜嚴防（四〇七六頁二行）

按：加宜二字誤倒。

九頁後五行 中厚多故（四〇七七頁十五行）

按：厚當作原。

十頁後四行 西埵用兵（四〇七九頁八行）

按：埵當作陲。

十一頁前七行 由省西省（四〇八〇頁六至七行）

按：上省字當作山。

十三頁後九行 達賴、班（四〇八四頁十二行）

按：班下當有禪字。

十四頁前九行 統以安琫（四〇八五頁九至十行）

按：安當作戴。

十四頁後十二行 戕宜大臣（四〇八六頁十三行）

按：戕宜當作戕害。

十五頁後三行　他皆附近（四〇八七頁十四至十五行）

按：他當作地。

十六頁後三行　伺牲畜（四〇八九頁九行）

按：伺當作飼。

十七頁前五行　設章一員（四〇九〇頁十行）

按：章當作官。

十八頁後二行　沙漠（四〇九二頁十四行）

按：漠當作漠。

十八頁後八行　堡卡調臺（四〇九三頁五行）

按：調當作碉。

十八頁後十三行　以實中沁（四〇九三頁九行）

按：沁當作心。

兵志九

海防

二頁後八行　北遼連東（四〇九八頁八行）

按：遼連二字誤倒。

四頁前九行　北洋海防務（四一〇〇頁十四行）

按：北洋下當有沿字。

四頁後九行　勸加訓練（四一〇一頁十三行）

按：勸當作勤。

六頁後二行　四營四分兵船二艘隸之（四一〇四頁十一至十二行）

按：四分當作內分。

六頁後十二行　布多疏（四一〇五頁五行）

按：布下當有防字。

八頁前十三行　第三路鎮江礮臺五處，曰……曰山焦（四一〇七頁十三行）

按：山焦當作焦山。

八頁後九行 依城爲臺礮（四一〇八頁四行）

按：臺礮二字誤倒。

八頁後十行 臺西（四一〇八頁七行）

按：臺西二字誤到。

九頁前七、八行 歷務（四一〇九頁二行）

按：此二字誤倒。

九頁後八行 設堠堠（四一〇九頁十五行）

按：上堠字當作墩。

十頁後二行 飭分甯駐台（四一一一頁三行）

按：甯駐二字誤倒

十二頁前十行 皆標掠經由之境（四一一四頁三至四行）

按：標當作剽。

十二頁前十一行 其時水師利同巨艦（四一一四頁四行）

按：同當作用。

十四頁前十一行 撥兵八艘（四一一七頁八行）

按：兵下當有輪字。

兵志十

訓練

二頁後五行　步代止齊（四一二二頁二行）

按：代當作伐。

三頁前九行　嗚海螺者三（四一二三頁三行）

按：嗚當作鳴。

兵志十一

製造

三頁後十三行　兩廣總督張之減（四一三八頁四行）

按：減當作洞。

四頁後十二行　廣東西撫臣李秉衡（四一三九頁十二行）

按：東字衍。

五頁前一行　所有機器大大廠一座（四一三九頁十三行）

按：重出大字。

六頁前十行　運均購無從下手（四一四一頁十四至十五行）

按：均購二字誤倒。

六頁後三行　竟成造成新式槍砲（四一四二頁五行）

按：竟下成字誤衍。

十三頁後六行　工匠目多（四一五三頁七行）

按：目當作日。

十三頁後九行　商參（四一五三頁十行）

按：商參二字當移在下一行酌字之上。

十五頁前十二行　用費極昻（四一五六頁二行）

按：昻當作昂。

十六頁後一行　購機建昌（四一五七頁十四行）

按：昌當作廠。

十七頁後五行　其六磅一子（四一五九頁十行）

按：六磅一子當作六磅子一種五字。

十八頁前一行　能力所恨（四一六〇頁三行）

按：恨當作限。

二十一頁前三行　砲位車兩（四一六五頁三行）

按：兩當作輛。

二十三頁後二行　畿經增改（四一六九頁三行）

按：畿當作幾。

兵志十二

馬政

一頁前三行　掌御馬御馬以備上乘（四一七一頁正文一行）

按：重出御馬二字當删。

一頁後三行　侍郎以下褫減（四一七二頁六行）

按：褫當作遞。

二頁前十一行　飼秣所需木槽鏇□鑲杓（四一七三頁九行）

按：鏇下字當作壓。

二頁後二行　不縻（四一七三頁十三行）

按：縻當作麋。

三頁前二行　秋然曰（四一七四頁九行）

按：秋當作愀。

三頁前十一行　寧江（四一七五頁二行）

按：此二字當作江寧。

三頁後三行　十三年（四一七五頁七行）

按：十三年上當有順治二字。

三頁後十三行　足御供用（四一七六頁一行）

按：御供二字誤倒。

五頁前十一行　罰俸以差（四一七八頁五行）

按：以當作有。

五頁後十二行　者爲令（四一七九頁二行）

按：者當作箸。

交通志一

鐵路

二頁前四行 御使洪良品言五害（四四二八頁六至七行）

按：使當作史。

四頁後三行 跕多（四四三二頁五行）

按：跕當作站。

八頁前九行 汴洛借款開始於二十五年（四四三八頁六至七行）

按：開字可删。

十四頁前三行 一但盡取諸其懷而奪之（四四四七頁九行）

按：但當作旦。

交通志二

輪船

二頁後八行 語涉懷宣（四四五四頁四行）

按：懷宣二字誤倒。

交通志三

電報

一頁後七行 在津洋日行千餘里（四四六二頁九行）

按：津當作海。

五頁後十一行 紛來沓至（四四六九頁五行）

按：沓當作沓。

八頁後四行 現在官報恐難籌措（四四七三頁十行）

按：報當作款。

交通志四

郵政

刑法志一

刑法志二

一頁前六行　剌字（四一九三頁正文四行）

按：剌當作刺，下同。全書多誤。

刑法志三

五頁前六行　打長安門……石獅鳴寃者

按：寃當作冤，从冖不从宀，全書多誤。

藝文志一

此志總序關外本删改甚多，後經發覺，故抽出照原稿重排付印。

經部

五頁後六行　尚書地今釋一卷，蔣廷錫撰（四二二七頁七至八行）

按：地下脱理字。

五頁後十二行　尚書注疏堂正三卷，盧文弨（四二二七頁十一行）

按：堂當作校。

六頁前九行　書異文釋八卷，李富孫（四二二八頁五至六行）

按：書下當有經字。

六頁後六行　尚書古文折疑一卷，洪良品（四二二八頁十五行至四二二九頁一行）

按：折當作析。

八頁前八行　齊詩翼氏學四卷，迮鶴壽（四二三一頁十二行）

按：四當作二。

八頁後九行　吴韋昭，朱育毛詩答雜問一卷，馬國翰輯（四二三二頁九至十行）

按：雜當作難。

十一頁前二行　廟朝圖考四卷，萬斯同（四二三六頁八行）

按：朝當作制。

十一頁前十二、十三行　禮記宫室答問二卷，洪頤煊（四二三七頁三至四行）

按：上文有禮經宫室答問二卷，与此似即一書。

十二頁後九行　求古録禮記五卷，金鶚（四二三九頁八行）

按：求古録禮説十六卷，此作五卷誤，本名禮説又誤説作記。

十二頁後十二行　禮書通故五十卷，黄以周（四二三九頁十一行）

按：五十當作一百。

十五頁前六行　公羊墨史二卷，周拱辰（四二四三頁十一行）

按：史疑當作守。

十五頁前八行　箴膏盲評一卷，劉逢禄（四二四三頁十三行）

按：盲當作肓。

十六頁前十一行　春秋三傳比卷，李調元（四二四五頁十二行）

按：卷上當有二字。

十七頁前五行　唐趙匡春秋闡徵纂類義統一卷，馬國翰輯（四二四七頁一行）

按：徵當作微。

十九頁前四行　六書段借經徵四卷，朱駿聲（四二五〇頁七行）

按：段當作假。

二十頁前四行　唐丁公箸孟子手音一卷，馬國翰輯（四二五二頁一至二行）

按：手字誤衍。

二十頁後一行　經考六卷，戴震（四二五二頁十二至十三行）

按：六當作五。

二十一頁前十行 七經異文釋五十卷，李富孫（四二五四頁四行）

按：此已分見各經。

二十一頁前十一行 經典釋文補條例一卷，江遠孫（四二五四頁四至五行）

按：江當作汪。

二十三頁前十一行 說文段注鈔案一卷，桂馥（四二五七頁十三行）

按：此非桂馥之作，葉德輝得自北京廠肆之稿，信爲桂撰而本志又承其誤。桂氏卒於嘉慶十年，其時段注尚未刊成也。葉好作僞，又喜妄言欺人。其稿展轉售之瀋陽于氏，于某初亦以爲真未谷之稿，旋又售與長春東北文史研究所，一九六二年秋，余應研究所短期講學之約，所中出以見示，其筆跡亦非出自桂氏之手也。本書儒林傳二桂馥傳謂：『馥與段玉裁生同時，同治說文，學者以桂段並稱，而兩人兩不相見，書亦未見，亦異事也。』是又桂氏不得有說文段注鈔案之碻證。

二十三頁後八行 說文古字考十四卷，沈濤（四二五八頁七行）

按：古字當作古本。

二十六頁前七行 切韻表六卷，陳澧（四二六二頁十行）

按：表當作考。

藝文志二

史部

三頁後十行　小腆紀年附考二十卷，徐才鼎撰（四二七二頁五至六行）

按：才鼎二字即鼒字之誤分爲二也。

五頁前六行　逸周書集訓校釋增校一卷，朱酸聲（四二七四頁十三行）

按：酸當作駿。

五頁後十行　七家後漢書二十一卷，王文臺撰（四二七六頁一行）

按：王當作汪。

七頁後一行　萬宗純皇帝聖訓三百卷（四二七八頁十四行）

按：萬當作高。

八頁前六行　陶雲汀先生奏奏三十二卷（四二八〇頁一至二行）

按：下奏字當作稿。

九頁後十二行　元辛文房唐子傳八卷（四二八三頁三行）

按：唐下當有才字。

十一頁前五行 旋愚山年譜四卷，施念曾（四二八五頁四至五行）

按：旋當作施。

十一頁後十三行 華陽國志勘記一卷，顧觀光（四二八六頁十二至十三行）

按：勘上當有校字。

十二頁前二行 十六國年表一卷，張愉憎（四二八六頁十四行）

按：憎當作曾。

十二頁後一行 方輿路程考略不分（四二八七頁十四行）

按：分下當有卷字。

二十一頁後八行 異域録一卷，圖理琛（四三〇三頁十五行）

按：一卷當作二卷。

二十一頁後十一行 越史略三卷，不箸撰人氏名（四三〇四頁三至四行）

按：越史略見守山閣叢書，内言今上昌符元年丁巳，當明洪武十二年，是此書乃明初越南人撰，於例不當收入。

二十二頁前五行 日本外史二十二卷，賴襄撰（關外本無）

按：日本外史乃日本人賴襄所撰，於例不當收入，又不冠日本二字於姓名之上，閱者將目爲國人矣。

二十二頁前六行　日本圖志四十卷，黄遵憲（四三〇四頁十至十一行）

按：圖當作國。

二十二頁前九行　吉林勘界記一卷，呈大徵（四三〇四頁十四行）

按：徵當作澂。

二十二頁後三行　李傅相歷聘歐美記二卷，察爾康編（四三〇五頁六行）

按：察當作蔡。

二十七頁前七行　楝亭書目三卷，曹寅（四三一三頁十四行）

按：楝當作棟。

二十七頁前十二行　竹掩盦傳鈔書目一卷，趙魏（四三一四頁四行）

按：掩當作崦。

二十七頁後十一行　竹汀先生日記鈔三卷，何元錫編（四三一四頁十五行）

按：此又見子部雜家，此爲重出。

二十八頁前十三行　西清古鑑四十卷（四三一六頁一行）

按：此書又見譜録類，此重出。

二十八頁後六行　愙齋藏器目一卷，吴大沅（四三一六頁七行）

按：沅當作澂。

三十頁前五行 全蕥琳瑯補遺一卷（四三一八頁十四至十五行）

按：全當作金。

三十頁後六行 金石圖二卷，戴峻摹圖（四三一九頁十三行）

按：戴當作褚。

三十頁後十三行 瘞鶴銘辨一卷，張紹（四三二〇頁五行）

按：紹當作弨。

三十一頁前九行 漢魏六朝墓銘纂例四卷，吴灝（四三二〇頁十四行）

按：灝當作鎬。

三十一頁後六行 吉金所見録十六卷，祁尚齡（四三二一頁九至十行）

按：祁當作初。

三十二頁前五行 封泥考略十卷，吴式芬、張介祺同撰（四三二二頁六行）

按：張當作陳。

三十二頁前十二行 明印十二論一卷，段玉裁（四三二二頁十四行）

按：印當作史。

三十二頁後八行 救文格論一卷，顧炎武（四三二三頁九行）

按：此書又見詩文評類，此重出。

三十二頁後九行　南江書録一卷，邵晉涵（四三二三頁九行）

按：邵氏南江書録即四庫全書提要分纂稿也，已見目録類，本一書而異名，此爲重出。

藝文志三

子部

二頁後七行　母欺録一卷，朱用純（四三二八頁六行）

按：母當作毋。

二頁後八行　潛室劄二卷，刁包（四三二八頁七行）

按：劄下當有記字。

四頁前十二行　學究類編二十七卷，張伯仁（四三三一頁三行）

按：究當作規。

四頁後三行　子史粹言十二卷，丁晏（四三三一頁七至八行）

按：十字衍。

四頁後七行　治嘉格言一卷，陸隴其（四三三一頁十一行）

按：嘉當作家。

同行　齊沿録三卷，于準編（四三三一頁十二行）

按：沿當作治。

十六頁前七行　小小畫譜二卷，鄒一桂（四三五一頁十二行）

按：小小當作小山。

十六頁前十二行　畫筌折覽一卷，湯貽汾（四三五二頁一行）

按：折當作析。

十六頁後一行　宋元以來畫人姓名録三十六卷，曾峻撰（四三五二頁三行）

按：曾當作魯。

十七頁後十一行　奕妙一卷（四三五四頁八行）

按：奕當作弈，下文同。

十八頁後二行　骨董卷十二卷，李調元（四三五五頁十一行）

按：當作骨董説。

十八頁後九行　勇盧閒詰，趙之謙（四三五六頁二至三行）

按：詰當作話。

二十頁前一行　書林揚解，方東樹（四三五八頁四行）

按：解當作解。

二十頁後一行　訂譌雜録十卷，胡明玉（四三五九頁二行）

按：明當作鳴。

二十頁後九行　竹汀日記鈔（四三五九頁十一行）

按：此已見目録類。

二十頁後十一行　瞥記七卷，梁玉繩（四三五九頁十三行）

按：瞥記即在清白士集二十八卷内。

二十頁後十三行　援鶉堂隨筆四十卷，姚範（四三五九頁十四行）

按：四十當作五十。

二十一頁前一行　札樸十卷，桂馥（四三六〇頁一行）

按：樸當作樸。

二十二頁前三行　宋葉大慶過古質疑六卷（四三六一頁十三行）

按：過當作考。

二十二頁後六行　桃溪客語五卷，吴騫（四三六二頁十四行）

按：桃溪客語已見地理雜志類，此重出。

二十三頁前七行　藝概六卷，劉熙載（四三六三頁十二行）

按：此書已見詩文評類，此重出。

藝文志四

集部

二頁前十一行　白香山詩集四十卷，附年一卷（四三七五頁十四行）

按：年下當有譜字。

二頁前十三行　昌黎集補注四十卷，沈欽韓撰（四三七六頁一行）

按：沈氏昌黎集補注止一卷，此作四十卷，誤。

二頁前十三行　栅宗元集點勘，陳景雲撰（四三七六頁二行）

按：栅當作柳。

二頁後十二行　楊維楨鐵崖樂注十卷（四三七六頁十三行）

按：樂下當有府字。

六頁前七行　棟亭詩鈔八卷，文鈔一卷（四三八二頁九行）

按：楝當作棟。

十頁前五行　山水集四卷，魯仕驥（四三八九頁五行）

按：四上當有十字。

十頁前九行　南園遺集五卷，錢澧（四三八九頁九行）

按：澧當作灃。

十頁後三行　藏韻府詩集八卷，沈初撰（四三九〇頁一行）

按：藏韻府當作蘭韻堂。

十頁後四行　無間集四卷，崔述（四三九〇頁二至三行）

按：間當作聞。

十一頁後七行　月滄文集八卷，吕横（四三九一頁十五行）

按：横當作璜。

十一頁後十二行　章氏遺書十一卷，章學誠（四三九二頁五行）

按：章氏箸作種數、卷數皆多，此云十一卷，即文史通義八卷、校讎通義三卷也，已見史評類，非遺書之全也。

十二頁後二行　後甲集二卷，章大來（四三九三頁六行）

按：後甲集已見本卷前六頁第九行，此重出。

十二頁後十行　陶山詩録二十八卷，唐仲冕（四三九三頁十四行）

按：陶山詩録已見十一頁前一行，此重出，惟彼作十二卷，此作二十八卷，有異。

十五頁前八、九行 倚晴樓詩集十二卷，續集四卷，黄燮清（四三九八頁一至二行）

按：倚晴樓詩集已見十二頁後二行，此重出。

十五頁後十行 句溪雜箸二卷，陳五撰（四三九九頁一行）

按：五當作立。

十六頁前五行 籀稿述林十卷，孫詒讓（四三九九頁九行）

按：稿當作廎。

二十頁後十二行 鳴原堂論文二卷（四四〇七頁六行）

按：此已見詩文評類，此重出。

二十二頁前三行 清詩彭吹四卷，周佑予編（四四〇九頁五至六行）

按：彭當作鼓。

二十五頁後五行 救文格論二卷，顧炎武（四四一五頁九行）

按：此已見詩文評類。

邦交志一

俄羅斯

十二頁前七行　又立碑博於別疊里達坂（四五〇〇頁八行）

按：碑當作牌。

十三頁前六行　仍俟紅綫履勘（四五〇一頁十五行）

按：俟當作依。

十九頁前七行　三、中國在東三省，除指定鐵路公司地段，不再增兵（四五一一頁十至十一行）

按：中國二字當作俄國。

邦交志二

英吉利

二頁前十行　毀英商公局，以其侵佔民地也（四五一七頁十行）

按：公局當作公司。

四頁前八行 聽洋艘四出游奕（四五二〇頁十二行）

按：奕當作弈。

二十一頁前五、六行 免復進口税（四五四七頁十二行）

按：復當作徵。

邦交志三

法蘭西

邦交志四

美利堅

十頁後十三行 得失捐益（四五九三頁七行）

按：捐當作損。

十二頁後三行 張之洞致湖南巡撫趙爾巽（四五九五頁十四行）

按：致下當有書字。

十三頁前一行　押時（四五九六頁八行）

按：押字重出，當删。

邦交志五

德意志

四頁前十三行　永不叙用四字，二、三兩款全允（四六〇五頁一行）

按：四字下當有删去二字。

邦交志六

日本

二頁前四行　李鴻章復致總署（四六一九頁三行）

按：致下當有書字。

七頁後四行　李鴻章以爲宜緩，因致總署（四六二九頁十行）

按：致下當有書字。

九頁後四行　洋商所居地名江北岸（四六三二頁十三至十四行）

按：名當作在。

十三頁前十三行　公使内田康或（四六三八頁一行）

按：或當作哉。

十四頁前十二行　又要求勘定綫路（四六四〇頁九行）

按：綫路二字當互易。

十五頁前二行　甚謂（四六四一頁九行）

按：甚當作且。

邦交志七

瑞典　那威　丹墨　和蘭　日斯巴尼亞　比利時　義大利

三頁前十二行　孫穀（四六四八頁十五行至四六四九頁一行）

按：當作孫家穀。

邦交志八

奧斯馬加　秘魯　巴西　葡萄牙　墨西哥　剛果

七頁前三行·本係四國通例（四六八二頁十四至十五行）

按：四當作西。

列傳一

后妃

四頁後六行　十一年，贈太后父塞桑和碩忠親王（八九〇一頁十四至十五行）

按：十一年上當有順治二字。

六頁前五行　福晉入見，稱上外姑（八九〇四頁九至十行）

按：稱上二字當互易。

十一頁前十行　五十年八月庚午，高宗生（八九一四頁五至六行）

按：五十年上當有康熙二字。

十一頁後三行　十六年，六十壽（八九一四頁十二行）

按：十六年上當有乾隆二字。

十二頁前三行　四十九年薨（八九一五頁十一行）

按：四十九年上當有乾隆二字。

同行　圍寢位諸妃上（八九一五頁十一行）

按：圍當作園。

十二頁後一行　關睢（八九一六頁九行）

按：睢當作雎，从且不从目。

十二頁後十三行　覩新昌而增慟兮（八九一七頁六行）

按：昌當作宫。

十四頁後七行　六年册爲皇后（八九二一頁一行）

按：六年上當有嘉慶二字。

十四頁後九行　二十九年十二月甲戌崩（八九二一頁二至三行）

按：二十九年上當有道光二字。

十五頁前四行　嘉慶初，封誠妃，進誠貴妃（八九二一頁十二行）

按：誠當作諴。

十六頁前五行　葬慕東陵圜寢（八九二三頁十四行）

按：圜當作園。

十九頁前十三行　太后命授醇親王載澧攝政王（八九二九頁十四行）

按：澧當作灃。

列傳二

諸王一

二頁後五行 從太宗圍大淩何（八九三八頁六至七行）

按：何當作河。

四頁後八行 費美東（八九四二頁六行）

按：美當作英。

七頁後五行 興貝勒薩哈璘駐守（八九四七頁四行）

按：興當作與。

八頁前四行 以困大壽（八九四八頁一行）

按：大壽上當有祖字。

十二頁後五行 爵降爲不入分輔國公（八九五四頁一行）

按：分上當有八字。

十一頁後九行 （承志）十一年……奪爵，圈禁（八九五四頁五行）

按皇子世表，承志同治十年以罪革爵，此云十一年，異。

十二頁後八行　費揚武，一名芬古，舒爾哈齊第六子（八九五五頁十四行）

按皇子世表，費揚武爲舒爾哈齊第八子，本傳上文又謂濟爾哈朗爲舒爾哈齊第六子，則此處六字當爲八字之誤。

十三頁後十一行　授其子門度輔公國（八九五七頁十一行）

按：公國二字誤倒。

十四頁前八行　今蒙恩勒期下温州（八九五八頁七至八行）

按：勒當作刻。

十四頁後九行　屢荷恩[illegible]（八九五九頁五至六行）

按：賫當作賚。

列傳三

諸王二

一頁後十行　出鳥喇二十里（八九六六頁十四行）

按：鳥當作烏，下同。

四頁後五行　師嚮衡州（八九七一頁十一行）

按：響當作嚮。

九頁後一行　崇安子永安襲（八九八〇頁五行）

按：永安當作永恩。

九頁後五行　全齡三十年薨，謚曰慎（八九八〇頁九至十行）

按皇子世表，全齡謚曰和。

十八頁前八行　瑪瞻在事有功（八九九五頁八至九行）

按：瞻一作占。

列傳四

諸王三

六頁前七行　面令岳樂仍攻長沙（九〇〇六頁十行）

按：面當作而。

列傳五

諸王四

三頁前四行　令所部以白布擊肩爲識（九〇二四頁十五行）

按：擊當作繫。

三頁後二行　予法周公輔沖王（九〇二五頁十至十一行）

按：沖王當作沖主。

三頁後十行　用湯若望議釐正曆法……復令曰養民之道云云（九〇二六頁二至九行）

按清世祖實録，正定曆法及養民之令皆秋七月之事，而此叙在五月之後，六月之前，與實録不符。

四頁前五行　六月……明遣其大學士史可法督師揚州……王致書可法云云（九〇二六頁十行至九〇二八頁三行）

按：《清實録》致史可法書在七月壬子，而此叙在六月，亦不符。

五頁前六行　王宣諭當建都燕京云云（九〇二八頁五行）

按：《清實録》宣諭在九月，此叙在九月前，不符。

五頁前十、十一行 爲供爾京城内外兵之用也（九〇二八頁九至十行）

按：兵下當有民字。

五頁後二行 啓心即（九〇二八頁十四行）

按：即當作郎。

五頁後四行 翌日入朝，諸臣跪近（九〇二九頁一行）

按：近當作迎。

五頁後十三行 初，肅親王怨王不立巳（九〇二九頁十行）

按：巳當作己。

九頁前一行 徑中後所（九〇三四頁十一行）

按：徑當作經。

十頁後八行 信宣和郡王多尼，多鐸第一子（九〇三七頁十三行）

按皇子世表，多尼爲多鐸第二子。

十一頁前十行 董額，多鐸第三子（九〇三八頁十二行）

按皇子世表，董額作洞鄂，爲多鐸第七子。

列傳六

諸王五

三頁後四行　坐絞，上寬之（九〇四七頁九行）

按：坐當作論。

四頁前四行　五年，上以延信與阿其那等結黨（九〇四八頁七至八行）

按：五年上當有雍正二字。

列傳七

諸王六

七頁後十二行　允祉言於上（九〇七〇頁十行）

按：祉當作禔。

七頁後十三行　允禔頗庇之（九〇七〇頁十一行）

按：禔當作祺。

九頁後十一行　稱親王允禩（九〇七三頁十二行）

按：親王當作民王。

列傳八

諸王七

列傳九

五頁前十三行　太監王直擅政（九一二二頁十三行）

按：王當作汪。

七頁前十三行　其子阿台脱去（九一二六頁五行）

按：阿台，太祖本紀作阿太。

七頁後八行　二顯祖皆及於難（九一二六頁十二行）

按：二顯祖當作景顯二祖。

列傳十

一頁前六行　台萬音近（九一二九頁正文第一行）

按：台當作王。

六頁前十二行　卜寨棄西城（九一三八頁二行）

按：卜寨上文作布寨。

九頁前八行　布揚古女弟嫁介寨未一年而死（九一四二頁十二行）

按：據上文，此介寨當作莽古爾代。

十三頁前八行　利兵秣馬（九一四九頁七行）

按：利當作厲。

列傳十一

八頁前三行　十二月，耿精忠將以福建叛應吴三桂。（九一六五頁六行）

按：十二月當作十二年。

十一頁前六行　平南王尚可善（九一七〇頁十行）

按：善當作喜。

十一頁前十三行　可望奪文秀兵，置之軍中（九一七一頁二行）

按：文秀當作文選。

十二頁前十三行　復移駐孟連（九一七二頁十一行）

按：連當作艮。

列傳十二

列傳十三

一頁前一行　太祖令揚古利守汎鴨緑江（九一九二頁一行）

按：汎當作汛

三頁前六行　自釐至其巔（九一九四頁十四行）

按：釐當作麓，下同。

三頁前十三行　其葬以本牛彔八户守冢（九一九五頁五行）

按：冢當作冢。

七頁後四行　尋以恩詔進二等精奇哈番（九二〇二頁七行）

按：奇下當有尼字。

十一頁前五行 隸滿洲廂紅旗（九二〇八頁十行）

按：廂當作鑲，下同。

十二頁前五行 瑪爾圖當……從攻錦州，戰死。烏庫理年十六即從征伐（九二一〇頁五至六行）

按：烏庫理上當有子字。

列傳十四

二頁後五行 七月，師自圖拉河西行，至扎濟市拉克（九二二一頁十五行）

按：市當作布。

列傳十五

三頁後十三行 復命海達爲書二通（九二五六頁十一至十二行）

按：海達二字誤倒。

九頁後五行 仍兼領彔額真（九二六八頁五至六行）

按：彔上當有牛字。

列傳十六

九頁前八行　授甲喇額直（九二八五頁十二至十三行）

按：直當作真。

九頁後十三行　挈其孥來歸（九二八六頁十五行）

按：孥當作拏。

十一頁後二行　八年六月，上自將伐明（九二八九頁十三行）

按：八年上當有天聰二字。

十三頁後一行　進二年阿達哈哈番（九二九三頁二至三行）

按：二年當作二等。

十四頁後九行　琿錦薩爾圖氏（九二九五頁六行）

按：琿錦，上文及本卷目録皆作琿津。

列傳十七

一頁前七行　徒居哈達費德里（九二九九頁正文一行）

按：徒居當作徙居。

十一頁前一行　九年二十月（九三一六頁八行）

按：二十當作十二。

十三頁後四行　取進永昌（九三二〇頁十五行）

按：取進當作進取。

列傳十八

四頁後九行　是時，佟養性爲鳥真超哈昂邦章京（九三二九頁十三行）

按：鳥當作烏。

十一頁後一行　敗擊明將李定國、孫可望（九三四一頁八至九行）

按：敗擊二字當互易。

十二頁前一行　訶噶爾舟（九三四二頁六行）

按：舟當作丹。

列傳十九

六頁前一行　二十八平（九三五五頁十四行）

按：平當作年。

七頁前六行　使彈心力於封疆也（九三五七頁十三行）

按：彈當作殫。

七頁前八行　伏汎危急時（九三五七頁十五行）

按：汎當作汛，二字本書多混。

十頁後七行　其兵多礦徒（九三六三頁十一行）

按：礦當作獷。

十二頁後二行　降翟堡（九三六六頁十四行）

按：翟下當有家字。

列傳二十

十二頁前五行　兵部侍朗（九三九〇頁六行）

按：朗當作郎。

列傳二十一

一頁後十一行　盖州戍將石廷柱，雅什哈（九三九六頁十三行）

按：雅什哈，清太宗實録作雅什塔。

六頁後七行 天聰七年五月從仲明來降（九四〇五頁一行）

按：仲明當作有德。

列傳二十二

三頁前六行 命解其縛（九四三四頁十一行）

按：縛當作縛。

三頁前八行 釋鎖寧阿（九四三四頁十三行）

按：阿字誤衍。

四頁後五行 馬步二十餘（九四三七頁二行）

按：十當作千。

四頁後十一行 一出清紅上游（九四三七頁七行）

按：紅當作江。

列傳二十三

四頁前三行 與固山額真全礪等奪舟數百（九四五二頁八行）

按：全當作金。

四頁後六行　進三等侯，紫貂冠服（九四五三頁八至九行）

按：紫貂上當有賜字。

四頁後七行　使所置督都督杜子香守之（九四五三頁十行）

按：置下督字誤衍。

五頁前八行　三桂兵焚鐵索橋走（九四五四頁九行）

按：鐵當作鐵。

五頁後四行　子鰲拜，有自傳（九四五五頁三至四行）

按：有自二字當互易。

八頁後十二行　安，費楊古孫也（九四五九頁十二行）

按：楊當作揚。

列傳二十四

四頁前九行　兼太子太傳（九四七一頁十二行）

按：傳當作傅。

七頁後三行　貝勒阿敏乘永平出塞（九四七六頁六行）

按：乘當作棄。

九頁前九行 賊多人水死（九四七九頁四行）

按：人當作入。

列傳二十五

七頁前四行 二年，以京師米貴（九五〇〇頁四行）

按：二年上當有順治二字。

九頁後十一行 卒，贈太子太宗（九五〇五頁二行）

按：太宗當作太保。

列傳二十六

一頁後三行 或薊鎮，或宣天，或山海，乘時深入（九五〇八頁四行）

按：宣天當作宣大，謂宣化、大同也。

二頁後七行 欣以高爵厚禄（九五一〇頁四至五行）

按：欣當作歆。

五頁後三行 其爲上荆南道参政（九五一五頁二行）

按：其當作以。

列傳二十七

列傳二十八

四頁後一行　太祖初征取撫順（九五五三頁五行）

按：取當作明。

列傳二十九

八頁前三行　士謝圖汗（九五七九頁九行）

按：士當作土。

八頁後七行　達素奮前搏擊（九五八〇頁十三行）

按：搏當作搏。

列傳三十

一頁後十三行　得馬羸牲畜（九五八四頁十三行）

按：羸當作羸。

三頁前八行　其卒，命削其世職（九五八七頁三行）

按：上其字當作及。

十一頁後八行　劉仲錦，漢軍正藍旗人（九六〇一頁十五行）

按：劉仲錦，清太宗實録作劉仲金。

列傳三十一

二頁前十三行　以迎晙事在赦前，寢其議（九六〇七頁十一行）

按：赦當作赦。

十三頁後二行　甌別諸御史（九六二六頁十行）

按：甌當作甄。

列傳三十二

六頁前六行　器量偏淺（九六三八頁三行）

按：偏當作褊。

列傳三十三

二頁後六行　下之詔責其專横（九六四二頁二行）

按：詔上之字衍。

三頁後四行　將率兩白旗移駐永平（九六四三頁十二行）

按：將當作欲。

五頁前四行　欽功，進世職二等甲喇章京（九六四六頁七行）

按：欽當作叙。

列傳三十四

三頁後十三行　吴氏思之，建祠虎丘山麓以祀（九六五四頁九至十行）

按：吴氏當作吴民。

列傳三十五

列傳三十六

列傳三十七

六頁後五行　太祖實録成加，太子太傳（九六九五頁二行）

按：傳當作傅。

列傳三十八

列傳三十九

列傳四十

四頁後四行　加增工部侍郎（九七三五頁十行）

按：增當作贈。

列傳四十一

列傳四十二

五頁前十行　棟良尋乞病歸（九七七六頁十三行）

按：棟良二字誤倒。

九頁後一行　漢中興安嶺紓險（九七八三頁十三行）

按：紓當作紆。

列傳四十三

六頁後十二行　總督于成龍爲疏辦（九七九七頁四行）

按：辦當作辨。

列傳四十四

八頁前七行　呈檄僞剳（九八一五頁十四行）

按：檄當作繳。

列傳四十五

七頁後六行　精忠之叛也（九八三二頁十二行）

按：精忠上當有耿字。

十四頁後七行　拜他喇布勒命番（九八四五頁四行）

按：命當作哈。

十五頁前二行　討平元江士司（九八四五頁十二行）

按：士當作土。

列傳四十六

列傳四十七

四頁後七行　興祚因請留澳民防守（九八六三頁十至十一行）

按：民當作門。

列傳四十八

二頁前十行　攻復惠安（九八七三頁七行）

按：攻復當作收復。

六頁前三行　土宄陰爲轉輸（九八七九頁十五行至九八八〇頁一行）

按：土宄疑當作土民。

列傳四十九

三頁後七行　内懷恃禄養身之念（九八九一頁十四行）

按：此熊賜履上清聖祖疏文也，恃當作持。

同行　任事者目爲躁進（九八九一頁十四行）

按：任事二字，賜履原疏作建白。

三頁後八行　聞有讀書窮理之士（九八九一頁十五行）

按：聞字原疏作間。

五頁後七行　李光地……順治九年成進士（九八九五頁三至四行）

按：順治當作康熙。

六頁前三行　可以必務（九八九五頁十二行）

按：務當作勝。

六頁前七行　拉哈達白王，疏稱光地矢志爲國（九八九六頁一行）

按：疏字上當再有王字。

列傳五十

五頁後十一行　今師所至，斬次蕩平（九九二五頁九行）

按：斬當作漸。

列傳五十一

七頁後四行　朱裴請罰殉葬（九九二六頁四行）

按：罰當作禁。

列傳五十二

四頁後六行　而增應升先用（九九三五頁十一行）

按：增下當有捐字。

列傳五十三

列傳五十四

六頁後十二行　上御門召九卿舉廉吏（九九六九頁十至十一行）

按：御下當有午字。

九頁前十一行　（康熙）四十三年，上南巡（九九七四頁二至三行）

按：四十三當作四十二。

列傳五十五

列傳五十六

二頁前十三行　索額圖助允礽（九九九一頁十三行）

按：礽當作礽。

二頁後五行　當太祖滅葉赫來降（九九九二頁三至四行）

按：來降上當有時字。

列傳五十七

列傳五十八

五頁後十一行　諂附大臣（一〇〇一五頁十行）

按：諂當作陷。

六頁前十三行　儷然士林翹楚（一〇〇一六頁八行）

按：儷當作儼。

列傳五十九

列傳六十

八頁前五行　上稱其勒敏（一〇〇三九頁八行）

按：勒當作勤。

列傳六十一

三頁後四行　三十六年（一〇〇四九頁十三行）

按：三十當作二十。

列傳六十二

三頁前八行　捏作民欠（一〇〇六一頁二行）

按：捏當作揑。

列傳六十三

列傳六十四

列傳六十五

列傳六十六

六頁前十二行　靳輔疏河言，河道全局已成十八九（一〇二八頁八行）

按：疏下河字衍。

十四頁後六行　授武英殿大學土（一〇一三二頁四行）

按：土當作士。

列傳六十七

六頁前九行　賜内廐馬以行（一〇一四二頁二至三行）

按：廐當作廄，全書此字多誤。

六頁後五行　薩希素（一〇一四二頁十三行）

按：希當作布。

列傳六十八

三頁後十行　勘撫番蠻（一〇一四八頁一行）

按：勘當作剿。

四頁後八行　師征噶準爾（一〇一四九頁九行）

按：噶準二字誤倒。

七頁前四行　上親征噶爾（一〇一五三頁十二行）

按：爾下脱丹字。

七頁後十行　昭南達護使謁上行在（一〇一五四頁十四至十五行）

按：昭當作阿。

八頁後十行　曾養性以百餘丹屯江上（一〇一五六頁九行）

按：丹當作舟。

列傳六十九

五頁後二行　使衰經者衣錦論文，其何以訓（一〇一七三頁五行）

按：經當作經。

列傳七十

六頁前五行　高宗既定準噶爾，二十一年云云（一〇一八六頁三行）

按：二十一年上當有乾隆二字。

列傳七十一

四頁前二行　（藍廷珍）族弟鼎元字玉霖云云（一〇一九二頁十至十五行）

按：藍鼎元已入循吏傳，此爲重出。

六頁後六行　廷珍下啓廷枚（一〇一九七頁四行）

按：廷枚當作元枚。

列傳七十二

二頁前七行　原委覼然（一〇二〇一頁六行）

按：覼當作斠。

列傳七十三

列傳七十四

二頁前四行　朕斷不加爾誅戳（一〇二二一頁二行）

按：戳當作戮。

列傳七十五

二頁後八行　獲汝珍（一〇二三二頁四行）

按：依上文，汝當作如。

三頁後十一行 遠近嚮應（一〇二三四頁二行）

按：嚮當作響，二字本書多混。

列傳七十六

三頁前七行 惟逞鍜鍊之長（一〇二四六頁十五行）

按：鍜當作鍛，二字本書多混。

六頁前一行 請飭所築司必十月望前（一〇二五一頁十至十一行）

按：築司二字當互易。

十二頁後八行 當命就御前作書，深被奬許（一〇二六三頁六行）

按：當應作嘗。

十三頁前一行 劫育嬰堂（一〇二六三頁十二行）

按：劫當作刼。

列傳七十七

一頁前十三行 五十六平，授直隸巡道（一〇二六五頁正文六行）

按：平當作年。

二頁前二行　名時洩密摺（一〇二六六頁十三行）

按：摺當作諭。

三頁前九行　高祖即位（一〇二六七頁五行）

按：祖當作宗。

四頁前十一行　世宗赦出旗，召入對，慰愈之。（一〇二七〇頁十三行）

按：愈當作諭。

四頁後一行　定植開羅（一〇二七一頁一行）

按：植當作值。

五頁前十二行　苞兄舟，文百川（一〇二七二頁十行）

按：文當作字。

六頁後一行　會毓珣按洽（一〇二七四頁五行）

按：洽當作治，二字本書多混。

九頁後八行　沈近思議析置數縣道鎮倬壓（一〇二八〇頁一行）

按：倬當作彈。

列傳七十八

列傳七十九

一頁前九行　請免駁換，旨嘉獎（一〇三〇一頁正文五至六行）

按：旨上當有得字。

一頁前十行　青浦台吉羅卜藏丹津叛（一〇三〇一頁正文六行）

按：浦當作海。

二頁前九行　下怡賢王會大大學士、九卿議行（一〇三〇三頁七行）

按：賢下當有親字，會下大字當作同。

二頁後二行　令從怡賢王勘定太平峪萬年吉地（一〇三〇三頁十二行）

按：賢下脱親字。

三頁前十一行　康熙三十五年，授湖北慈利知縣（一〇三〇五頁四行）

按：湖北當作湖廣。

四頁前八行　文乾宇元統（一〇三〇六頁十一行）

按：宇當作字。

五頁前十三行 上諭曰：孔毓珣緝捕盜賊甚盡力，彼擒之，汝縱之，恐汝不能當此言（一〇三〇八頁九至十行）

按：恐汝不能當此言，清史列傳檔正編作「恐汝難當此論」，蓋指縱囚論也。今改論爲言，未必是。

八頁後八行 仍授直隸接察使（一〇三一四頁三至四行）

按：接當作按。

列傳八十

列傳八十一

二頁後六行 必盡得乃至（一〇三三六頁一行）

按：至當作止。

四頁後一行 山東倉庫虧空，那新掩舊（一〇三三九頁一行）

按：那當作挪。

四頁後十二行 近開祥符、封邱等州縣民有鬻子女者（一〇三三九頁十至十一行）

按：開當作聞。

十頁前十三行　不論鹽當紳民（一〇三四八頁十行）

按：當應作商。

列傳八十二

二頁前二行　妄言身藏匕首以防測（一〇三五五頁一至二行）

按：防下當有不字。

二頁前八行　六年六月，科布多死於禁所（一〇三五五頁七行）

按：科上當有隆字，科下布字誤出。

六頁前一行　三月，鍾琪師復進出布哈屯（一〇三六一頁十一行）

按：出當作次。

六頁前十三行　阿爾布拉（一〇三六二頁七行）

按：拉當作坦。

列傳八十三

列傳八十四

六頁前七行 猺、苗雜處，住往爭界搆訟（一〇三九五頁十五行）

按：住當作往。

六頁後十二行 慶福遂發兵（一〇三九七頁二至三行）

按：福當作復。

列傳八十五

二頁後九行 又加渴瓦寺安撫土司（一〇四二〇頁七行）

按：加當作如。

列傳八十六

七頁後五行 天縱郡凱等弭亂，綏氓因事有功（一〇四二五頁八至十一行）

按：傳中不見凱名，未知何指。

列傳八十七

列傳八十八

五頁後七行　上御太和殿賜敕，賚御用甲胄（一〇四四九頁二行）

按：胄當作冑。

六頁前三行　渡戞鳩而西（一〇四四九頁十行）

按：戞當作戛。

七頁後六行　初以公主子，命視和碩駙品秩（一〇四五二頁六行）

按：駙上當有額字。

列傳八十九

一頁後十二行　雍正二年進士，選庶吉遭，士父喪（一〇四五六頁十三行）

按：遭士二字誤倒。

一頁後十三行　二年，廷臣妄傳除目（一〇四五六頁十四行）

按：二年上當有乾隆二字。

六頁前二行　張、姚占二姓半部縉紳（一〇四六三頁十三行）

按：占字當在二姓之下。

列傳九十

二頁前六行 二年，服闋，擢内閣學士（一〇四七三頁四至五行）

按：二年上當有雍正二字。

五頁前一行 六十一年，朝鮮國王李昀請立其昑爲世弟（一〇四七八頁三行）

按：請立其下脱弟字。

六頁前三行 高宗即位，命守護泰陵。三年，復命阿克敦云云（一〇四七九頁十四至十五行）

按：三年上當有乾隆二字。

九頁後十二行 高梁不售（一〇四八六頁二行）

按：梁當作粱，下同。

列傳九十一

一頁後九行 考定官商字譜（一〇四九四頁八行）

按：官當作宫。

三頁後三行 遷詹事，上書房行走（一〇四九七頁十一至十二行）

按：此陳悳華傳文也。據清史列傳檔正編，陳悳華遷詹事在乾隆元年，此處奪去四字，則以下之年皆與雍正混矣，當補乾隆元年四字於遷字之上。

列傳九十二

三頁前五行　十九年卒（一〇五一〇頁十四行）

按：十九年上當有道光二字。

四頁前一行　錢名世（一〇五一二頁七行）

按：錢當作戴。

七頁前十三行　宣宗即位……旋命休致，二十年卒（一〇五一八頁四至五行）

按：二十年上當有道光二字。

七頁後十一行　傳恒爲之解（一〇五一九頁三至四行）

按：傳當作傅。

九頁前一行　賦詩之餞（一〇五二一頁一行）

按：之餞二字誤倒。

十頁後三行　至坐是漏言奪職（一〇五二三頁十三行）

按：坐是二字當互易。

列傳九十三

六頁後十三行　柴潮生，字禹門（一〇五三五頁五行）

按：門當作門。

八頁前十行　土性沙醎（一〇五三七頁七至八行）

按：醎當作鹻，下同。

列傳九十四

六頁前七行　具廚傳犒賞（一〇五五四頁二行）

按：傳當作傳。

列傳九十五

二頁後一行　衙蠹里書（一〇五六七頁十一行）

按：書當作胥。

七頁後十行　無箸學祖（一〇五七六頁十三行）

按：祖當作租。

十三頁前二行　近水則腴（一〇五八五頁十行）

按：腴當作腴。

十五頁前九行　思渠出臨江千（一〇五八九頁八行）

按：千當作干。

列傳九十六

一頁前十行　乾隆提督順天學政（一〇五九五頁正文三行）

按：乾隆下當有元年二字。

四頁後一行　知所議（一〇六〇一頁三行）

按：知當作如。

四頁後十三行　三年，疏言河南云云（一〇六〇一頁十四行）

按：上文已見五年，下文有六年，則此三年二字必誤。

五頁前五行　西南伏生、嵩山、桐栢等山（一〇六〇二頁四行）

按：伏生當作伏牛。

五頁後三行　六十年，成進士（一〇六〇二頁十五行）

按：土當作士。

列傳九十七

三頁後九行 二處工隄（一〇六二四頁一行）

按：工隄當作隄工。

列傳九十八

五頁前九行 摶賊益奮（一〇六五〇頁六行）

按：摶當作搏。

五頁後五行 克太小碉寨百餘（一〇六五〇頁十五行）

按：太當作大。

列傳九十九

五頁前六行 尋視班第義烈（一〇六六二頁五至六行）

按：視當作以。

列傳一百

八頁後四行　滿洲正白人（一〇六八二頁一行）

按：白下當有旗字。

九頁前十一行　十八年，以準噶爾内亂撤防，召還（一〇六八三頁四行）

按：撤當作撤。

列傳一百一

一頁後五行　特請額，初發杭州披甲（一〇六九一頁十五行）

按：請當作清。

三頁後五行　行賞，玉封保三等男世襲（一〇六九三頁十行）

按：玉封二字誤倒。

三頁後十二行　因斤其畏葸欺飾（一〇六九四頁一行）

按：斤當作斥。

四頁前六行　十九年，出爲黑龍江將軍（一〇六九四頁八至九行）

按：十九年上當有乾隆二字。

四頁後四行　阿賚（一〇六九五頁四行）

按：阿下當有布字。

列傳一百二

四頁前四行　上永奪常官（一〇七一四頁七行）

按：永奪二字誤倒。

五頁前四行　師將標兵（一〇七一六頁二行）

按：師當作斌。

列傳一百三

二頁後三行　賊來之援（一〇七二一頁十四行）

按：之字誤衍。

六頁後四行　左翼前鋒統（一〇七二八頁十一行）

按：統下當有領字。

列傳一百四

列傳一百五

五頁前十三行　上命福路安討之（一〇七四四頁十二行）

按：路當作康。

列傳一百六

二頁前四行　朝多裨政（一〇七五一頁四行）

按：裨當作稗。

二頁前七行　無識之徙（一〇七五一頁六行）

按：徙當作徒。

二頁後二行　豈敢肄無忌憚（一〇七五一頁十三行）

按：肄當作肆。

二頁後十行　少貧無籍（一〇七五二頁七行）

按：籍當作藉。

三頁後一行　命和桂速回京（一〇七五三頁八行）

按：和桂係和珅之誤。

四頁後六行　將師多倚和珅（一〇七五五頁八行）

按：師當作帥。

五頁前一、二行　前一行末首劾其不法曰之曰字與後一行末罪狀略狀之後一狀字當互易（一〇七五六頁一至二行）

五頁前五行　乘椅橋入大内（一〇七五六頁四行）

按：橋當作轎。

列傳一百七

二頁後十二行　且言回永貴烏什（一〇七六四頁七至八行）

按：回字當在永貴下。

五頁前五行　近數十年來遠或數百年（一〇七六八頁四行）

按：來字誤衍。

五頁後八行　四十二年，協辦大學士移（一〇七六九頁六行）

按：移字誤出。

六頁後十行　侍讀學士（一〇七七一頁三行）

按：土當作士。

列傳一百八

一頁前十三行　上南巡荏視（一〇七七三頁正文第七行）

按：荏當作莅。

六頁後八行　上爲罷文綬（一〇七八三頁五行）

按：文當作永。

列傳一百九

七頁前三行　當將房考落巷（一〇八〇一頁六行）

按：巷當作卷。

列傳一百十

四頁前九行　令專督廣東（一〇八〇八頁十四行）

按：令當作今。

四頁後七行　應韞如所奏（一〇八〇九頁九至十行）

按：韞如二字誤倒。

四頁後九行　今苗威安貼（一〇八〇九頁十一至十二行）

按：威上當有畏字。

六頁後十行　有恭選庶吉士（一〇八一三頁二行）

按：恭當作信。

七頁後二行　皆令罰鍰以罰（一〇八一四頁四行）

按：以罰當作以聞。

十二頁後十三行　次第撤回（一〇八二三頁五行）

按：撤當作撤。

列傳一百十一

八頁後二行　四十二年，金州平，乃上官（一〇八三七頁十行）

按：州當作川。

十二頁前七行　那用旗租（一〇八四三頁十四行）

按：那當作挪，本書二字多混。

十四頁後十三行末　（蔣兆奎）尋遷甘肅布政史越

按：越字誤出。

列傳一百十二

一頁後一行　閘溢，水不得洩（一〇八五四頁二行）

按：溢當作隘。

六頁後二行　停支養康（一〇八六二頁六行）

按：康當作廉。

六頁後八行　雍正八年成進土（一〇八六二頁十三行）

按：土當作士，二字本書多混。

七頁後十行　三十年加道銜（一〇八六四頁十一行）

按：三十年上當有乾隆二字。

十一頁後七行　踈請罪（一〇八七〇頁七行）

按：踈當作疏。

列傳一百十三

三頁後十三行　三十六年三月，擢户部侍郎（一〇八七八頁五行）

按：三十六年上當有乾隆二字。

列傳一百十四

四頁後二行　進攻木邦，□遁（一〇八八九頁五行）

按：空格疑是賊字。

五頁後八行　遺諸軍徐出（一〇八九一頁六行）

按：遺當作遣。

列傳一百十五

一頁後七行　請檻軍送京師（一〇八九四頁七至八行）

按：軍當作車。

二頁後五行　藍元枚字簡候（一〇八九六頁一行）

按：候當作侯。

二頁後十三行　上命總兵李侍堯（一〇八九六頁九行）

按：總兵當作總督。

五頁前二行　上念臺灣定初（一〇九〇〇頁一行）

按：定初當作初定。

五頁後六行　林鬎舵、林明灼者，海盜渠也（一〇九〇一頁三行）

按：明灼疑明港之誤。

五頁後十三行　五十二年（一〇九〇一頁十一行）

按：當作乾隆五十二年。

七頁前十三行　自鍾祥分竄唐、鄧（一〇九〇四頁四行）

按：自字上當有賊字。

列傳一百十六

一頁後七行　三十年，師攻革命什（一〇九〇六頁九行）

按：命當作布。志謙按：三十年當作三十七年，什字後加咱字。

三頁後八行　賊敗走。廊爾喀再叛（一〇九〇九頁十三行）

按：廊當作廓。

六頁後四行　福康安臨致書軍機大臣（一〇九一四頁八至九行）

按：臨字疑誤。

列傳一百十七

二頁後一行　既署，雨霽（一〇九一九頁十四行）

按：署當作曙。

七頁前二行　六十年年（一〇九二七頁八行）

按：年字誤重。

七頁前十一行　明亮當察氏（一〇九二八頁一行）

按：當應作富。

七頁後四行　乘雪陡其中峰（一〇九二八頁七行）

按：陡當作陟。

八頁前八行　盧阻險設伏（一〇九二九頁八行）

按：盧當作慮。

列傳一百十八

二頁前三行　夜半年（一〇九三六頁十五行至一〇九三七頁一行）

按：年字誤出。

四頁後十一行　用少擊足（一〇九四一頁九行）

按：足當作眾。

六頁後一行　三十七年，授領隊大臣（一〇九四四頁七行）

按：三十七年上當有乾隆二字。

七頁前八行　擊碉賊卡（一〇九四五頁九行）

按：碉賊二字當互易。

八頁前九行　三十七年，從護軍統領明亮征金川（一〇九四七頁七行）

按：三十七年上當有乾隆二字。

八頁前十三行　從奎林第（一〇九四七頁十行）

按：第字誤出。

八頁後五行　石據頭真噶（一〇九四七頁十四至十五行）

按：清史列傳檔正編作「賊據石真噶」，此處疑有脱誤。又下文「乘勝運礮軍甚囂」，檔正編作「乘運礮聲囂」，亦當從之。

八頁後八行　賜御用鞍轡一馬（一〇九四八頁二行）

按：一馬二字誤倒。

九頁前十三行　越山攀諜（一〇九四九頁六行）

按：諜當作堞。

十頁後一行　斫木寨道（一〇九五一頁二行）

按：寨當作塞。

列傳一百十九

一頁後七行　下吏部，奪官（一〇九五六頁七行）

按：當作下部議奪官。

十頁前十二行　收明餘善兵（一〇九七一頁六行）

按：餘善二字當互易。

十頁後四行　福康安奏步明瀛白誠實（一〇九七一頁十一行）

按：明瀛二字當互易。

十三頁前十三行　置姬氏經五博士（一〇九七六頁九行）

按：經五二字當互易。

十三頁後四行　御史錢灃劾沅瞻（一〇九六頁十四行）

按：灃當作澧，瞻下當有徇字。

十四頁前七行　奏蠲山東積逋四百八十七萬（一〇九七七頁十五行）

按：束當作東。

十四頁後七行 久面後定（一〇九七八頁十四行）

按：面當作而。

列傳一百二十

四頁前七行 鳥什辦事大臣（一〇九八四頁八行）

按：鳥當作烏。

十三頁前十一行 擒賊將就縛（一一〇〇〇頁四行）

按：縛當作縛。

列傳一百二十一

一頁前六行 乾隆十七年一甲三名進士（一一〇〇三頁正文第一行）

按：進士上當有武字。

二頁後十三行 順功峰右硐，克之（一一〇〇六頁十三行）

按：功當作攻。

三頁前八行 賊來克（一一〇〇七頁五行）

按：克當作犯。

三頁後十二行　四十年四月（一一〇〇八頁八行）

按：四十年上當有乾隆二字。

四頁後三行　以發擊守碉賊（一一〇〇九頁九行）

按：發當作礮。

四頁後六行　以軍功予騎尉世職（一一〇〇九頁十三行）

按：騎下當有都字。

五頁前五行　事平，禄死事諸將（一一〇一〇頁十行）

按：禄當作録。

五頁前七行　正自旗人（一一〇一〇頁十二行）

按：自當作白。

六頁前七行　蒙古副都予騎都統尉世職（一一〇一二頁八至九行）

按：副都下當有統字，誤倒在騎都下。

七頁前四行　加勁勤巴圖魯（一一〇一四頁二行）

按：勤當作勇。

八頁前六行　求維祈，承制立爲王（一一〇一五頁十三行）

按：祈字，上下文皆作祁。

九頁前二行　我任遂盡渡（一一〇一七頁四行）

按：任當作兵。

九頁後六行　化龍皆力戰有功，明年三月，師次昔領（一一〇一八頁六行）

按：此處叙李化龍事，上文無年月，則所謂明年何所承邪？

九頁後十二行　而親率游擊起裴鰲等（一一〇一八頁十一行）

按：起裴二字當互易。

十一頁後三行　緣道苗卡，埋坑谷（一一〇二一頁九行）

按：埋當作填。

列傳一百二十二

列傳一百二十三

四頁前十三行　散夥黨（一一〇三八頁十五行）

按：夥當作夥。

四頁後十二行　借給牛種（一一〇三九頁十二行）

按：偕當作借。

五頁後三行　沈善富（一一〇四一頁一行）

按：沈善富，清史列傳檔正編原稿及碑傳集所載阮元撰沈公墓志銘均作沈業富，業、善二字形近，必此誤，本書目録誤同。

五頁後十一行　郡騷守焚案不汝靳（一一〇四一頁八至九行）

按：騷字誤出。

六頁前六行　箸鐙味齋詩文字（一一〇四二頁一行）

按：當作味鐙齋詩文集。

六頁後一行　昂建議（一一〇四二頁十行）

按：昂當作昂。

列傳一百二十四

列傳一百二十五

三頁前六行　請疏茶引（一一〇六〇頁十四行）

按：請疏二字當互易。

四頁後二行　上三巡撫賦詩以賜（一一〇六一頁八行）

按：三巡當作南巡，撫字誤衍。

四頁後三行　二十九年，授湖北巡撫皆（一一〇六三頁五行）

按：皆字誤衍。

列傳一百二十六

一頁後十行　但上不至如恒文之狼藉（一一〇七〇頁十行）

按：上當作尚。

六頁前十二行　憖置不問（一一〇七八頁七行）

按：憖當作恝。

六頁後三行　上謂郝碩罪同國泰，小有才云云（一一〇七八頁十一行）

按：合觀上下文，國泰下當重國泰二字。

六頁後十三行　疏良陳貴州兵極能走險耐瘴（一一〇七九頁七至八行）

按：良字誤出。

九頁後十行　仰以坐苞苴敗者（一一〇八四頁七行）

按：仰當作抑。

列傳一百二十七

五頁前一行 上五箴於仁宗……曰虚已（一一〇九二頁二行）

按：已當作己。

五頁前六行 珪初以文學受知，洎出任疆寄（一一〇九二頁七行）

按：洎當作洎。

列傳一百二十八

一頁後十二行 謚卒文恪（一一〇九六頁十三行）

按：謚卒二字誤倒。

五頁前十二行 十年吏調部（一一一〇三頁一行）

按：吏調二字誤倒。

列傳一百二十九

六頁後一行 續發盛京、吉林旗丁各千名往懇（一一一二〇頁十行）

按：懇當作墾。

七頁前七行　時富俊年逾八年（一一一二一頁十三行）

按：八年當作八十。

列傳一百三十

三頁前三行　司府循隱（一一一二八頁十三行）

按：循當作徇。

六頁前三行　齡百至，撤沿海商船（一一一三四頁三至四行）

按：齡百二字誤倒。

六頁前十三行　挑河二叚（一一一三四頁十三行）

按：叚當作段，二字本書多相亂。

七頁前六行　援往遇害（一一一三六頁二行）

按：援往當作往援。

列傳一百三十一

四頁前九行　度向瑶（一一一四四頁十三行）

按：度當作庹。

九頁後六行　充方略總裁（一一一五三頁十二行）

按：方略下當有館字。

十頁後六行　又克古文坪（一一一五五頁七行）

按：文當作丈。

列傳一百三十二

五頁前五行　乃調英善督陝陝甘（一一一七〇頁二行）

按：陝字誤重。

五頁前十行　由陝分道入川（一一一七〇頁六行）

按：陝當作陜，凡地名之字皆从夾不从夾。

八頁後一行　擢工布侍郎（一一一七五頁十二行）

按：布當作部。

八頁後七行　浙川（一一一七六頁四行）

按：浙當作淅，下文同。

九頁前六行　二十七年休致（一一一七六頁十五行）

按：嘉慶止于二十五年，此處二十七年大誤，清史列傳檔次篇景安傳作道光二年是也，當改正。

列傳一百三十三

三頁前十二行　十一月，潛渡滾河北竄（一一一八五頁六至七行）

按：潛渡上當有賊字。

四頁後十一行　賊聚賊北（一一一八七頁十五行）

按：賊北當作川北。

列傳一百三十四

九頁後十三行　然攻無不勝（一一二〇八頁七行）

按：攻當作戰。

列傳一百三十五

十頁前一行　被獎叔（一一二二六頁六行）

按：叔當作叙。

列傳一百三十六

五頁後一行　梁家坳（一一二三九頁二行）

按：坳當作坳。

六頁前二行　九月從勒保洞克灑賊巢（一一二三九頁十五行）

按：洞克二字誤倒。

七頁後一行　五十三年，從征臺灣（一一二四二頁七行）

按：五十三年上當有乾隆二字。

列傳一百三十七

列傳一百三十八

列傳一百三十九

四頁後八行　命効力萬年地吉地工程處（一一二七七頁十三行）

按：年下地字誤衍。

列傳一百四十

二頁後十二行 大股如鄭一、烏石二、總兵寶（一一二九二頁十行）

按：三十七卷黄標傳内鄭一作鄭乙，總兵寶作總兵保。

四頁後三行 鹽梟、幗匪多出其中（一一二九五頁九行）

按：幗字他處作嘓。

列傳一百四十一

列傳一百四十二

列傳一百四十三

二頁後一行 二則進賢退不肖似尚游移（一一三〇九頁十行）

按：此洪亮吉上軍機王大臣書，以上文例之，二則當作一則。

二頁後四行 某以爲川省多事（一一三〇九頁十二至十三行）

按：某字當作亮吉二字，上書之體例應書名。

二頁後十二行　其理尚可恕乎（一一三一〇頁四行）

按：洪氏原文，理上有情字，不可删。

三頁後四行　有交宰相之僮隸並與樂抗禮者矣（一一三一一頁五行）

按：樂字當移與字之上。

四頁後二行　純皇帝用之兵金川、緬甸（一一三一二頁十一行）

按：用之二字當互易。

七頁後六行　臣聞被擾州縣逃故各户之田廬婦女云云（一一三一七頁十二至十三行）

按：故字當作散。

八頁後二行　湖南潭湘人（一一三一九頁五行）

按：潭湘二字當互易。

列傳一百四十四

四百後六行　志逾年卒，伊矯廉好名（一一三二七頁十一至十二行）

按：志字當在卒字下伊字上。

四頁後十行　大文操字廉潔（一一三二八頁一行）

按：字當作守。

五頁前二行　五年，丁母自憂乾隆末云云（一一三二八頁七行）

按：自憂二字當互易。

列傳一百四十五

列傳一百四十六

八頁前二行　和順武（一一三六五頁五行）

按：順字前後文皆作舜。

列傳一百四十七

八頁後五行　力而辭止（一一三八〇頁七行）

按：而辭二字當互易。

列傳一百四十八

一頁前十三行　賊竄通江、巴州，徐天德、王三槐合（一一三八四頁一至二行）

按：巴州下當有與字。

五頁前十三行　嚴如熤（一一三九〇頁十三行）

按：熤當作煜，下同。

列傳一百四十九

三頁前四行　道光光五年（一一三九八頁十一行）

按：光字重出。

列傳一百五十

列傳一百五十一

列傳一百五十二

一頁前十三行　惟謂兵丁打捕牲畜以備貢品（一一四三二頁一行）

按：謂當作許。

二頁後十一行　鬧有蟄陷（一一四三四頁六行）

按：闇當作間。

同行　陳堂等聽從逸犯陳端糾衆，以爲從問擬（一一四三四頁六行）

按：問字上當有例字。又按清史大臣傳續編宗室敬徵本傳原文，此處本作「陳堂等聽從逸犯陳端糾衆乞隄，應比照光棍爲從例問擬」，今過事删節，詞意不明。

五頁前四行　陳官佼，字偉堂（一一四三八頁五行）

按：佼當作俊，下同。

列傳一百五十三

六頁後十三行　二十三年，加副都統銜云云（一一四六三頁四行）

按：此玉麟傳中文，二十三年，據清史大臣傳檔次編作二十二年。

列傳一百五十四

七頁前五行　九年，特命出爲伊犂將軍，疏言云云（一一四六三頁九行）

按：清史大臣傳檔次編玉麟疏言云云在道光十年五月，此處叙在九年之下，与檔稿不符。

列傳一百五十五

十頁後十三行　舒哈爾善（一一四八四頁二行）

按：哈爾二字誤倒。

列傳一百五十六

五頁前二行　臺礮建於海灘（一一四九五頁十五行）

按：臺礮二字誤倒。

五頁前五行　六年，敵船駛入廈門（一一四九六頁二行）

按：年當作月。

列傳一百五十七

四頁後三行　宗室英耆，字介春（一一五〇五頁四行）

按：英耆二字誤倒。

列傳一百五十八

列傳一百五十九

列傳一百六十

列傳一百六十一

列傳一百六十二

五頁後八行　賊衆畏罪投誠安置（一一五六九頁七行）

按：安置二字語意不完，據清史大臣傳檔續編原文，安置之上應有分别二字。

列傳一百六十三

列傳一百六十四

列傳一百六十五

一頁前十行　均下行（一一五八七頁正文五行）

按：下行當作下議行。

列傳一百六十六

五頁後六行　弊風肅清（一一六〇七頁三行）

按：風肅二字當乙轉。

列傳一百六十七

列傳一百六十八

二頁後十一行　三年，召來京，原品休致（一一六二四頁七至八行）

按：三年上當有道光二字。

四頁後四行　收納之脾胄無不平淺（一一六二七頁七至八行）

按：胄當作胃。

列傳一百六十九

列傳一百七十

五頁前十二行　武涉攔黄堰（一一六五二頁十二行）

按：涉當作陟。

列傳一百七十一

列傳一百七十二

七頁前八行　伏飭乞部採買（一一六八三頁十二行）

按：飭乞二字當互易。

列傳一百七十三

二頁前十行　時詔加恩（一一六八七頁九行）

按：時當作特。

列傳一百七十四

列傳一百七十五

四頁後七行　水路並進（一一七一三頁九行）

按：路當作陸。

列傳一百七十六

列傳一百七十七

二頁前二行　順烈梁章后（一一七二八頁十五行）

按：章當作皇。

列傳一百七十八

列傳一百七十九

二頁前十一行　湖南巡撫羅繞典以聞（一一七四七頁十一行）

按：是時湖南巡撫本爲駱秉章，詔罷其職，新任巡撫爲張亮基，尚未至，長沙事急，授羅繞典湖北巡撫，留長沙治防守事，俟事竣赴任，羅氏湖南安化人，例不得任本省巡撫也，後羅陞雲貴總督，此處乃以羅爲湖南巡撫，大誤。

列傳一百八十

二頁前八行　尋命大學士賽尚阿率總兵達洪阿、都統巴清赴湖南防堵，將以代之（一一七五三頁六至七行）

按：巴清下當有德字。又按：賽尚阿傳作副都統巴清德、達洪阿率京軍隨行，此處又以達洪阿爲總兵、巴清德爲都統，兩傳不一。

列傳一百八十一

二頁前十三行　賊攻長沙甚急，駱秉章、張亮基力守，屢挫賊，乃下竄岳州（一一七六三頁十一行）

按：依文勢，屢挫賊下當重一賊字，分屬下句。

列傳一百八十二

五頁前六行　城賊突出於應（一一七七八頁十行）

按：於當作相。

列傳一百八十三

一頁前六行　十九年，出爲福建巡撫（一一七八七頁正文四行）

按：十九年上當有道光二字。

三頁前七行　治鄧有恒被戕之獄（一一七九一頁四行）

按：有當作爾。

列傳一百八十四

五頁後一行　進規漂陽（一一八〇二頁十四至十五行）

按：漂當作溧。

列傳一百八十五

列傳一百八十六

三頁前七行　仍直南學房（一一八一七頁二行）

按：學當作書。

列傳一百八十七

六頁前三行　定三路攻城昌之策（一一八三四頁五行）

按：城當作武。

列傳一百八十八

列傳一百八十九

七頁前四行　彭思舉（一一八六一頁十三行）

按：據下文思當作斯。

九頁前九行　追賊入湖南，迭戰於甯遠、來陽（一一八六五頁十一行）

按：來當作耒。

列傳一百九十

列傳一百九十一

十頁後五行　疾作墜馬，畀歸遽卒（一一九〇三頁二行）

按：畀當作舁。

列傳一百九十二　曾國藩

七頁後九行　其平志學大端，具見於此（一一九一八頁七行）

按：平下當有生字。

列傳一百九十三　駱秉章　胡林翼

一頁後十三行　賊犯靖港及樟樹鎮（一一九二〇頁十四行）

按：此湖南湘陰之樟樹鎮也。

二頁前八行　令田興恕禦東路（一一九二一頁六至七行）

按：田興恕，咸豐五年尚充哨官，隨湖南候補道王葆生克彬州，見繆荃孫所撰田公祠版文，何得有獨禦東路之事。清史大臣傳檔後編駱秉章傳亦無此語。

二頁前八行　王鑫剿西路（一一九二一頁七行）

按：王鑫所剿者亦南路，而此云西路，於當時人事与地理皆欠分曉。

二頁前十行 貴州苗犯晃州、沅州、麻陽，並擊走之，南路遂定（一一九二一頁八至九行）

按：晃州、沅州、麻陽皆在湘西，南路遂定一語當移上。

二頁後六行 欲保荆襄，必守武漢，一定之局（一一九二二頁一至二行）

按：一定上當有此字。

三頁後四行 達開大隊竄興永（一一九二三頁九行）

按：興永二字誤倒。

八頁前十行 盜賊姦宄（一一九三一頁六行）

按：宄當作宂。

九頁後一行 糾合捻匪張洛行龔瞎子衆數十萬來援（一一九三四頁一行）

按：龔當作龔。

列傳一百九十四 江忠源 羅澤南

五頁前四行 忠濟從守長沙，城懷，堵缺口（一一九四三頁十五行）

按：懷當作壞。

列傳一百九十五　李續賓　續宜　王鑫　劉騰鴻　蔣益灃

二頁後十三行　諸將士曰皆願從公死（一一九五四頁八行）

按：曰皆二字當互易。

十頁後十一行　三年，克湯溪（一一九六八頁一行）

按：三年當作二年。

列傳一百九十六　塔齊布　多隆阿　鮑超　劉松山

列傳一百九十七　彭玉麐　楊岳斌

一頁前三行　彭玉麐年十六，父卒，族人奪其田産，避居郡城，爲協標書識以養母，知府高人鑑見其文，奇之，招入署讀書，爲附生（一一九九五頁正文一至三行）

按：王闓運《彭剛直公行狀》「高人鑑一日詣協鎮。視几下有文字，取視之，曰：此字體奇秀，當大貴，且有功名。」據此，則高所奇者，乃彭公之字，非奇其文也。

一頁前六行　至耒陽，佐當商理事（一一九九五頁三至四行）

按：此所謂當商即典當店也。省稱當商，於義未顯，當字上應加典字。

八頁後三行　五年，破賊漢口（一二〇〇八頁二行）

按：五年上當有咸豐二字。

列傳一百九十八　李鴻章

列傳一百九十九　左宗棠

四頁後十行　距河州（一二〇二九頁十三行）

按：距當作踞。

列傳二百　曾國荃　沈葆楨　劉坤一

一頁前七行　同授江西（一二〇三七頁正文三行）

按：授當作援。

三頁後一行　由東陽趨浙川、内鄉（一二〇四一頁七行）

按：浙當作淅。

三頁後九行　光緒九年，起授陝西巡撫（一二〇四一頁十五行）

按：九年當作元年。

五頁前二行　諒不再以養視瀆請（一二〇四四頁三行）

按：視當作親。

列傳二百一

列傳二百二

一頁後八行　池州守城韋志俊投誠（一二〇六二頁十一行）

按：守城下脱賊字。

三頁後四行　尋解青暘圍（一二〇六五頁十四行）

按：暘當作陽。

五頁前四行　賜勇恪（一二〇六八頁八行）

按：賜當作謚。

六頁前六行　一以報顧後之恩（一二〇七〇頁六行）

按：後當作復。

六頁前八行　十一，克赤岡嶺、菱湖賊壘（一二〇七〇頁八至九行）

按：十一下當有年字。

列傳二百三

五頁前五行　七年，會克青浦（一二〇八〇頁九至十行）

按：七年當作七月。

八頁前九行　盛傳任事津沽屯田事（一二〇八六頁四行）

按：任下事字誤衍。

八頁後九行　克平湖、乍浦、海監（一二〇八七頁三行）

按：監當作鹽。

列傳二百四

二頁前一行　時英聯軍犯京師（一二〇九四頁十四行）

按：英下當有法字。

四頁後十三行　六年，授甯古塔副都統（一二〇九九頁十五行）

按：下文八年……富明阿……破賊於運河東，授甯古塔副都統，據此則六年下授字當作署。

列傳二百五

二頁後八行 直搗雉阿集（一二一一二頁六行）

按：阿當作河。

三頁前二行 偕總兵傅振邦馳援（一二一一二頁十二行）

按：傳當作傅。

三頁前四行 賜號伊勒圖巴圖魯（一二一一二頁十三至十四行）

按：此所賜巴圖魯乃賜袁甲三之子保恒，非賜甲三也，下文保恒坿傳已見，則此處爲複出。

四頁後八行 從甲三督治陝州團防（一二一一五頁十行）

按：陝當作陳。

五頁後八行 毛昶熙，河南武涉人（一二一一七頁七行）

按：涉當作陟，本書二字多混。

六頁前十行 年來剿捻末得要領（一二一一八頁七行）

按：末當作未。

列傳二百六

六頁前七行　十一年，克徵江（一二一三二頁七行）

按：徵當作潵。

列傳二百七

二頁後九行　他將馳救救得免（一二一四二頁七至八行）

按：誤重一救字。

四頁後七行　以按察使記各（一二一四五頁十四至十五行）

按：各當作名。

列傳二百八

一頁後七行　事平則泄沓如前（一二一五〇頁七行）

按：沓當作沓。

二頁前十二行　擣虛批元（一二一五一頁十至十一行）

按：元當作亢。

三頁後十三行　以致負販褁足（一二一五四頁四行）

按：褁當作裹。

列傳二百九

二頁前十行　莫非如定（一二一七三頁六行）

按：定當作是。

五頁前三行　節峻代之味（一二一七七頁十三行）

按：代當作伐。

七頁後九行　擢工侍郎（一二一八二頁七至八行）

按：工下當有部字。

八頁前十二行　動輒得咨（一二一八三頁八至九行）

按：咨當作咎。

十一頁後十行　六月，國藩遣督司畢金科復饒州（一二一八九頁四至五行）

按：督當作都。

十三頁前九行　留軍自劾（一二一九一頁十行）

按：劾當作效。

列傳二百十

三頁後六行　築長團斷賊歸路（一二二〇三頁十二行）

按：團當作圍。

列傳二百十一

三頁前八行　湖南回匪方熾（一二二一五頁二行）

按：湖當作雲。

四頁後十一行　石達開竄湖北（一二二一七頁十二行）

按：北當作南。

列傳二百十二

二頁前十二行　二年，實授漕運總督（一二二二三頁九行）

按：二年上當有同治二字。

二頁後五行　署江蘇迎撫（一二二二三頁十四行）

按：迎當作巡。

三頁後九行　英翰令郭寶招致之（一二二二五頁十三至十四行）

按：寶下當有昌字。

三頁後十一行　牛洛江（一二二二五頁十五行）

按：江當作紅。

五頁後十二行　從克上海，授常鎮通海道，擢道員，賜花翎（一二二二九頁八行）

按：按文勢，授常鎮通海道一語應移擢道員，賜花翎之下。

七頁前十三行　時薛煥遣將至湖商募勇萬二千（一二二三二頁一至二行）

按：商當作南。

列傳二百十三

二頁前十行　坐或商承充（一二二三七頁六行）

按：坐或二字誤倒。

四頁後五行　即令廷襄督署總督（一二二四一頁四行）

按：襄下督字誤衍。

七頁後八行　不在財用之羸絀（一二二四六頁八行）

按：羸當作贏。

列傳二百十四

三頁前二行 藍朝柱擾青神（一二二五八頁十行）

按：桂當作柱。

三頁後七行 劉長銘克臨江（一二二五九頁十三行）

按：銘當作佑。

四頁前一行 二年，進復克湯溪（一二二六〇頁五行）

按：進復二字當互易。

列傳二百十五

四頁後九行 三年，從破捻酋張總愚爲湖北隨州（一二二七五頁十二行）

按：爲當作於。

列傳二百十六

列傳二百十七 周達武等

四頁後十行 又破潮柱於崇慶（一二三〇二頁二行）

按：潮當作朝。

列傳二百十八 郭松林等

一頁前十一、十二行 同治元年，李鴻章率淮軍八千赴上海，郭松林從，與僞忠王李秀成、僞慕王譚紹洸破賊滬西（一二三〇七頁正文六至七行）

按：此處文有脱誤，清史列傳新辦大臣傳郭松林傳無「與僞忠王李秀成、僞慕王譚紹洸」十三字，郭嵩燾所作松林家傳亦無之，若連下文破賊滬西爲一句，則是與賊破賊矣，此十三字當删去。

五頁前六行 定奎附循周至（一二三一四頁九行）

按：附當作拊。

列傳二百十九 李元度等

列傳二百二十 吴坤修等

列傳二百二十一 鄧仁堃等

六頁後七行 咸豐三年，粤匪陷江甯，楊州、鎮江相繼失守（一二三五一頁四行）

按：楊州當作揚州。

七頁前九行　擢淮徐楊梅海道（一二三五二頁四至五行）

按：楊當作揚，梅字誤出。

八頁後二行　凡領懇者以先後爲次（一二三五四頁六行）

按：懇當作墾。

列傳二百二十二　戈登等

二頁前四行　方以遠鏡憭敵（一二三五九頁三行）

按：憭當作瞭。

三頁後二行　浙平（一二三六一頁十一行）

按：浙下脱江字。

列傳二百二十三

三頁前七行　商人李光昭矇報木價（一二三六九頁二至三行）

按：矇當作朦。

三頁前九行　先緒元年（一二三六九頁六行）

按：先當作光。

四頁前七行　任意慫慂（一二三七〇頁十三行）

按：慂當作恿。

列傳二百二十四　王文韶　張之洞等

四頁前十三行　之洞乃奏開鍊銅廠漢陽大別山下（一二三七九頁三至四行）

按：銅當作鋼。

五頁後七行　勢不能與勾（一二三八一頁八行）

按：與勾二字疑誤。

列傳二百二十五

四頁後六行　陝西考官丁維禔奩内監得試差（一二三八九頁十一行）

按：奩下當有緣字。

四頁後七行　衆攝而定（一二三八九頁十二至十三行）

按：攝當作懾。

列傳二百二十六

列傳二百二十七

列傳二百二十八　潘祖蔭　李文田等

三頁前六行　詒讓（一二四一八頁四行）

按：讓當作經，下文同。

列傳二百二十九　徐樹銘等

列傳二百三十　張百熙等

二頁後十二行　二十年，典試廣東（一二四四二頁十行）

按：二十年上當有光緒二字。

四頁後一行　循序漸近（一二四四五頁四行）

按：近當作進。

列傳二百三十一

二頁前十三行　市言訛誠（一二四五一頁十三行）

按：誠當作駴。

四頁前一行　佩綸劾其留京干進（一二四五四頁七行）

按：佩綸上當有張字。

五頁前二行　詔就鴻章議（一二四五六頁五行）

按：鴻章上當有李字。

列傳二百三十二

四頁前三行　金壽引西國上下議例（一二四六六頁十行）

按：議下當有院字。

列傳二百三十三　郭嵩燾　曾紀澤

一頁前六行　列傳首名單之徐燾朋（一二四八八頁三行）

按：當作壽朋。

一頁前十一行　迺先造巨筏（一二四七三頁正文四行）

按：筏當作筏，下同。

七頁前十三行　李鳳苞字丹厓（一二四八四頁三行）

按：鳳苞江蘇崇明人，此傳失載，當補。

列傳二百三十四　丁寶楨　陳士杰等

二頁前八行　於是臺諫交章糺奏（一二四九三頁五行）

按：糺當作糾。

六頁前六行　破之准城（一二四九九頁十五行）

按：准當作淮。

九頁後三行　糧芻車馱，重爲民累（一二五〇五頁十一行）

按：馱當作馱，从大不从犬。

列傳二百三十五　丁日昌　黎培敬等

三頁後十二行　初，宗瀛從廷棟講學，爲刊遺集，以理學稱（一二五一八頁三行）

按：廷棟上疑脱吴字。

八頁後十行 又開辦於闐、塔城金礦（一二五二六頁十至十一行）

按：於當作于。

九頁前三行 設詔武備學堂（一二五二七頁一行）

按：設詔二字誤倒。

列傳二百三十六

六頁前三行 浙西梟匪出涉（一二五三九頁末行至一二五四〇頁一行）

按：涉當作没。

六頁後九行 諭納之艱，日以加甚（一二五四一頁五至六行）

按：諭當作輸。

列傳二百三十七 許振禕 吴大澂等

三頁後七行 民教相関，案多未決（一二五五〇頁二行）

按：関當作鬩，从門不从鬥。

列傳二百三十八 段起 游智開等

二頁後四行 賊南竄沐陽（一二五五七頁十五行）

按：沐當作沭，下行沐水亦當作沭水。

三頁前四行 羅家圴（一二五五八頁十三行）

按：圴當作坳。

五頁前十三行 游智開傳

按：此傳關外本較此爲詳。

列傳二百三十九

五頁前八行 獨延光典密室縱談圖事（一二五八〇頁十三行）

按：圖當作國。

列傳二百四十

二頁後九行 英人又在布境及後藏于壩修路（一二五九〇頁一至二行）

按：于當作干。

六頁後十二行　同治初年，西臧底定（一二五九七頁七至八行）

按：臧當作藏。

六頁後十三行　達賴喇𠼝（一二五九七頁八行）

按：𠼝當作嘛。

列傳二百四十一

七頁前五行　金順……滿洲鑲藍旗八，世居士林（一二六一八頁一行）

按：八當作人，士當作吉。

九頁後七行　官民尤翕，頌贊置云（一二六二二頁十行）

按：贊下當有不字。

列傳二百四十二

一頁前八行　雙良居中（一二六三一頁正文四行）

按：中當作右。

四頁前八行　其斥巨款賑畿菑（一二六三六頁十二行）

按：菑當作甾。

列傳二百四十三

九頁前三行　無河，粤寇陷禄豐（一二六五九頁十二行）

按：河當作何。

十頁後一行　保和執矛以剌，墮馬，梟其首（一二六六二頁四至五行）

按：剌當作刺，梟當作梟。

列傳二百四十四

八頁前八行　先辧陸豐門案，明正其罪（一二六七八頁七行）

按：門當作鬥。

列傳二百四十五

八頁後六行　未字紹与後七行末字山當互易。（一二六七九頁四至五行）

列傳二百四十六

一頁後三行　迺今築長牆（一二六九〇頁六至七行）

按：今當作令。

八頁前十行 晉提都（一二七〇二頁四行）

按：都當作督。

八頁前十二行 取家喻關（一二七〇二頁六行）

按：家字上文作嘉。

八頁後五行 廣東嘉應亂（一二七〇二頁十二至十三行）

按：東當作東。

列傳二百四十七

列傳二百四十八

一頁前十行 自壽州正陽關（一二七一七頁正文六至七行）

按：州下當有至字。

三頁後三行 感立寨（一二七二一頁十行）

按：立字上文作王。

三頁後十行 張落刑（一二七二二頁二行）

按：落刑上文皆作洛行。

四頁後十二行　至今人户祝之（一二七二三頁十四行）

按：户當作尸。

五頁後九行　日軍謀者亦不知其止百騎也（一二七二五頁九行）

按：謀當作諜。

列傳二百四十九

列傳二百五十

列傳二百五十一

一頁後十二行　八月，太后復出訓政（一二七四〇頁十三行）

按：太后復出訓政爲二十四年八月，此處八月上應書年。

列傳二百五十二

列傳二百五十三

三頁前二行 鼇金明病商，實病民（一二七六二頁十二至十三行）

按：明當作名。

列傳二百五十四

五頁前二行 族孫瑞昌，充此路營官（一二七七二頁三行）

按：此當作北。

列傳二百五十五

三頁前五行 越三年，社松等（一二七七九頁一行）

按：依上文，社當作杜。

列傳二百五十六

列傳二百五十七

二頁前二行 自將師以至軍士，莫不延納，思所有建樹（一二七九九頁四行）

按：師當作帥，所有二字當乙轉。

三頁前十行　拳匪亂延蒙旗蔓（一二八〇一頁八行）

按：蔓字當移上，在延字下。

四頁前十二行　恒齡援墨經從戎義（一二八〇三頁六至七行）

按：經當作絰。

四頁前十三行　流泣誓衆（一二八〇三頁七行）

按：流當作涕。

六頁前五行　常育水口山鉛礦（一二八〇六頁七行）

按：育當作甯。

六頁後十二行　少與王鑫子詩正讓黎與友善（一二八〇七頁十二行）

按：鑫當作鑫，讓黎與三字誤出。

列傳二百五十八

四頁前七行　而瑞澂不願也（一二八一四頁十一行）

按：願當作顧。

列傳二百五十九

二頁前十一行 以辦給爲通才（一二八一七頁八行）

按：辦當作辯。

三頁前九行 增太師（一二八一九頁三行）

按：增當作贈。

三頁後三行 夫國書字體𠛬自文臣額爾德尼及噶蓋等（一二八一九頁十行）

按：蓋字額爾德尼傳作蓋。

四頁前五行 仁宗眷皇帝（一二八二〇頁九行）

按：眷當作睿。

列傳二百六十

列傳二百六十一 吴三桂

二頁後七行 郝浴坐謫徙（一二八三八頁二至三行）

按：謫當作謫，下文同。

五頁後十一行　齊詔諭三桂（一二八四三頁六行）

按：齊當作齎。

十一頁前十二行　洪初以明將降（一二八五二頁十行）

按：洪即上文之譚宏，此洪字當作宏。

十四頁前八行　之喜遂降（一二八五七頁八行）

按：喜當作信。

十六頁後一行　慶陽知府傳宏烈（一二八六一頁五行）

按：傳當作傅。

列傳二百六十二　洪秀全

九頁後八行　彭玉鱗、楊載福抵蘄州（一二八七七頁十一至十二行）

按：鱗當作麐。

十七頁後六行　烽火不絶（一二八九〇頁十一行）

按：烽當作烽。

二十頁後二行　僰寇萬六七人（一二八九五頁六行）

按：七當作千。

三十頁後一行　嘉陷定（一二九一一頁十二行）

按：當作嘉定陷。

三十五頁後十三行　會師水（一二九二〇頁十二行）

按：當作會水師。

四十二頁後二行　遣軍至婺原（一二九三一頁十四行）

按：原當作源。

四十二頁後十行　先削其外疊（一二九三二頁八行）

按：疊當作壘。

四十四頁後十行　克復州台（一二九三五頁十二行）

按：州台二字誤倒。

四十九頁前六行　我今屯秣稜、漂水之師（一二九四二頁十二至十三行）

按：稜當作陵，漂當作溧。

四十九頁後五行　所請如骨之梗在喉也（一二九四三頁九行）

按：請當作謂。

五十一頁後十二行　太破之（一二九四七頁三至四行）

按：太當作大。

五十二頁前十三行　晝夜猛攻（一二九四八頁三行）

按：晝當作晝。

六十頁後十二行　汪海（一二九六一頁十行）

按：海下脱洋字。

六十二頁前十三行　趨國荃迅取金陵（一二九六四頁八行）

按：趨當作趣。

六十二頁後八行　追至純化鎮（一二九六四頁十五行）

按：純當作淳。

列傳二百六十三　循吏一

十頁前五行　進賢操守才幹（一二九八二頁十五行）

按：賢當作朝。

十五頁前十三行　盜旗屯爲逋逃藪（一二九九一頁十一行）

按：依文勢，盜下當有以字。

十七頁後二行　末赴，母憂去（一二九九五頁六行）

按：末當作未。

十九頁後二行 副將某以曬妓蝕餉，軍大噪（一二九九九頁二行）

按：曬當作曬。

列傳二百六十四 循吏二

一頁前十三行 城陴頽圮（一三〇〇四頁一行）

按：頽當作頹，下同。

三頁前三行 歷杭州、嚴、金華三府（一三〇〇六頁十三行）

按：嚴下脱州字。

三頁前五行 雍正十二年三月夜，牒下（一三〇〇六頁十五行）

按：此蔣林傳文也，據碑傳集蔣林墓志銘，此處作「十二年三月二十五日漏下二鼓牒下云云」，今删日存月，則所謂夜者何屬耶？夜字上當補「二十五日」四字。

四頁前四行 令兩造釋岔，相對揖（一三〇〇八頁十一行）

按：岔當作忿。

四頁後八行 藍鼎元傳（一三〇一〇頁）

按：藍鼎元又見列傳卷七十一藍廷珍坿傳。

七頁後五行　鹵城（一三〇一五頁二行）

按：域當作鹹。

九頁後十一行　官至湖南施南知府（一三〇一九頁一行）

按：湖南當作湖北。

十二頁前十三行　尤茹刑顛倒首從（一三〇二三頁十行）

按：尤當作猶。

十三頁後十一行　侍郎裘日修（一三〇二六頁二至三行）

按：日當作曰，下同。

十四頁前十三行　岸竣易崩（一三〇二七頁二行）

按：竣當作峻。

十五頁前九行　皆貲疏洩（一三〇二八頁八行）

按：貲當作資。

列傳二百六十五　循吏三

一頁後十行　阻水者其舟鑲之（一三〇三八頁十一行）

按：其當作具。

二頁後十二行　援江西瑞州府通判（一三〇四〇頁九至十行）

按：援當作授。

七頁前七行　勘高郵、寶慶水災（一三〇四八頁五行）

按：慶當作應。

八頁後十三行　回任修守（一三〇五一頁二行）

按：修守二字當互易。

十六頁前二行　援直隸欒城（一三〇六三頁十二行）

按：援當作授。

十七頁前九行　設田贍族（一三〇六五頁十四行）

按：設當作置。

列傳二百六十六　循吏四

一頁後七行　就近輸民（一三〇六八頁七行）

按：民當作納。

三頁後一行　何公一騎渡水賑我（一三〇七一頁六至七行）

按：賑當作賑。

三頁後十一行　悉去雜派及榷酤羸餘者（一三〇七二頁二行）

按：羸當作嬴，下文同。

四頁前四行　授兵登郫（一三〇七二頁八行）

按：郫當作陴。

六頁後十一行　皖南興辨保甲（一三〇七七頁七行）

按：辨當作辦。

七頁後八行　蒿菜盡闢（一三〇七八頁十五行）

按：菜當作萊。

十一頁前三行　闃無人煙（一三〇八四頁十四行）

按：闃當作闃。

十二頁後二行　分發河南，佐獻局（一三〇八七頁六至七行）

按：獻當作讞。

列傳二百六十七　儒林一

七頁前七行　遂得完髮以汲（一三一〇七頁十四行）

按：汲當作歿。

七頁前九行　同治二年，曾國荃刻於江南（一三一〇八頁一行）

按：二年當作四年。

八頁前十一行　心敬字爾緝（一三一一〇頁二行）

按：心敬上當有王字。

十一頁前九行　一日無遽求高遠而略庸近（一三一一五頁七行）

按：一日當作一曰，下文同。

十五頁前六行　撝謙，執喪如古師弟子之禮（一三一二二頁十行）

按：依文勢，撝謙下當有卒字。

二十頁前十行　先生制禮（一三一三二頁二行）

按：生當作王。

二十頁後二行　源方髫齔，門之不首肯（一三一三二頁七行）

按：門當作聞。

二十二頁前九行　亨曰肥遯（一三一三五頁八行）

按：亨當作亭。

二十三頁前七行　旅引疾歸（一三一三七頁一行）

按：旅當作旋。

二十六頁後十二行　道問學者亦如朱子矣（一三一四三頁四至五行）

按：亦字下當有莫字。

二十七頁後五行　學者爲利名之念爲害最大（一三一四四頁十行）

按：上爲字誤出。

二十八頁後十三行　蓋嘗時知方者（一三一四六頁十五行）

按：嘗應作當。

三十二頁後三行　詩只依字句吟詠，意謂自出（一三一五三頁五至六行）

按：意謂當作意味。

三十二頁後十行　無識之謂一也（一三一五三頁十二行）

按：識當作適。

三十三頁前七行　妾方氏十七，曰：婦人從一者也。（一三一五四頁七至八行）

按：方氏下當有年字。

三十五頁前四行　吾於子敝精神於讐校（一三一五七頁十至十一行）

按：吾於當作吾與。

三十六頁前八行　攻之者及矛盾（一三一五九頁九行）

按：及當作又。

三十七頁前十行 以味真腴顔其居（一三一六一頁七行）

按：腴當作腴。

列傳二百六十八 儒林二

七頁前八行 心非胡倫之偏（一三一七五頁十二行）

按：倫當作傳。

七頁前十二行 授據古今（一三一七五頁十五行）

按：授當作援。

九頁後二行 土奇盛年兼治經史（一三一七九頁十四行）

按：土當作士。

十頁後三行 官蘇州府教授（一三一八一頁十行）

按：府下當有學字。

十八頁後四行 周本八寸尺，不古律可以制律（一三一九五頁十行）

按：古律二字誤出。

二十一頁前九行 水經注四十卷（一三二〇〇頁八行）

按：水經注上當有校字。

二十三頁後一行　幼熟經文選（一三二〇四頁五行）

按：經當作精。

二十三頁後七行　刑疏補言其十（一三二〇四頁十二行）

按：刑當作邢。

二十七頁前十一行　儒者獨（一三二一一頁二行）

按上下文，獨下當有無字。

二十八頁前二行　其志經，熟於漢學之門户（一三二一二頁四行）

按：志當作於。

三十一頁前七行　所至，以經史訓詁教授生徒（一三二一七頁十三至十四行）

按：詁當作詁。

三十二頁前二行　家盡通家學（一三二一九頁五行）

按：上家字誤出。

三十三頁前十一行　楚大水，流庸聚宜昌（一三二二一頁九行）

按：庸當作民。

三十四頁後十行　周春字松靄云云（一三二二四頁一行）

按：周春又見文苑傳，坿在邵建平傳中。

三十九頁後十一行　若止考老爲轉注，不已溢乎（一三二三二頁十四行）

按：溢當作隘。

四十一頁前四、五行　凡經典之同物同音，於古本是通用書，皆引經證之（一三二三五頁一行）

按：通用書當作通用者。

四十一頁後四行　而略變道之（一三二三五頁十三行）

按：道當作通。

四十二頁前三行　年十三，受許氏説，一讀即通曉（一三二三六頁十一行）

按：説下當有文字。

列傳二百六十九　儒林三——四

三頁後三行　又自爲辭釋，曰周易述（一三二四三頁七行）

按：辭當作解。

三頁後十二行　惠傳虞氏易（一三二四四頁一行）

按：惠下脱言字。

四頁前二行　猶以也（一三二四四頁三至四行）

按：以字下脱偏言決獄四字，當補入。

五頁前一行　懿行妻王照圓云云（一三二四五頁十五行至一三二四六頁四行）

按：王昭圓已入列女傳，此爲重出。

五頁後三行　最近大小戴記七十子之徒所説（一三二四六頁十五行）

按：載當作戴。

八頁前十一行　乃以爲星有贏縮，非矣（一三二五一頁十一行）

按：嬴當作贏。

十六頁後二行　乃删合爲三十九篇爲一卷（一三二六五頁十一至十二行）

按：删合下爲字誤衍。

十八頁前六行　當綜覈古今，有纂言之作（一三二六八頁八行）

按：當字應作嘗。

二十四頁後八行　用張爾岐儀禮鄧注句讀之名（一三二八〇頁一行）

按：鄧當作鄭。

二十六頁後五行　春秋治亂於以然（一三二八三頁四行）

按：以當作已。

三十四頁前十二行 母喪暴疾卒於家（一三二九六頁十三行）

按：此黄式三傳文：母喪當作母裘，形近之誤，其母裘姓也。

三十五頁後四行 用漢儒讀謂讀曰之例者居半（一三二九八頁十三至十四行）

按：讀謂當作讀爲。

三十五頁後九行 復作艮宧易説（一三二九九頁三行）

按：宧當作宦。

三十八頁前九行 詒讓乃於爾雅、説文正其訓詁（一三三〇三頁七至八行）

按：乃於當作乃以。

列傳二百七十 文苑一

十四頁後二行 明唐王時官太僕卿，死贑州（一三三三八頁七行）

按：贑當作贛。

十九頁前十三行 劉獻廷字繼莊……与梁谿顧培、衡山王夫之、南昌彭士望爲師友（一三三四七頁五至八行）

按：劉獻廷嘗訪王夫之於衡陽西鄉之石船山，至則夫之已先卒，未之面也。此稱與爲師友，蓋沿全祖望之誤。山當作陽。

二十頁後六行 謝啓昆云云（一三三四九頁十至十二行）

按：謝啓昆已見本書卷三百六十五大臣傳，此爲重出。又彼云乾隆二十六年進士，此云二十五年，前後亦不符。

二十頁後九行 周春云云（一三三四九頁十三至十五行）

按：周春已坿見本書儒林傳丁杰傳内，此爲重出。

二十頁後十二行 得善木互相鈔藏（一三三五〇頁一行）

按：木當作本。

二十五頁後六行 客游京師，不忘投一刺（一三三五九頁一行）

按：忘當作妄。

二十六頁前十行 設局洞廷東山（一三三六〇頁三至四行）

按：廷當作庭。

列傳二百七十一 文苑二

五頁前十行 曹寅字楝亭（一三三七九頁十一行）

按：楝當作楝，从柬不从東，下同。

七頁前八行　沐陽（一三三八三頁三行）

按：沐當作沭。

十七頁後十行　莊述祖、獻可（一三四〇三頁二行）

按：獻疑當作有，謂莊有可也。

十八頁前一行　年老，銓教諭，以耳聵謝不就（一三四〇五頁六行）

按：聵當作聵。

列傳二百七十二　文苑三

六頁前八行　嘗箸經典證文（一三四一六頁十一行）

按：此錢儀吉傳文，據蘇源生所作錢儀吉書事，則經典證文下尚有「説文雅厭」四字，此處奪去，則下文雅厭者云云不知何指矣！

六頁前十行　又仿宋大珪名臣琬琰碑傳集（一三四一六頁十三至十四行）

按：宋字下脱杜字。

八頁後九行　辰永沅靖道（一三四二一頁七行）

按：沅當作沅。

十頁前三行　皇甫謐帝王世記（一三四二四頁一行）

按：記當作紀。

十一頁前四行 徒走就見（一三四二五頁十三行）

按：走當作步。

十六頁前八行 雅近竹坨樊謝（一三四三五頁五行）

按：坨當作垞，謝當作榭。

十六頁後七行 西陲西行（一三四三六頁二行）

按：西行當作紀行。

十七頁後二行 瑞清詩宗漢、魏，下陟陶、謝（一三四三七頁十至十一行）

按：陟當作涉。

十八頁後十三行 督甘肅政（一三四四〇頁二至三行）

按：政上當有學字。

十九頁前四行 而今本踳駮（一三四四〇頁六行）

按：踳當作踳。

十九頁後三行 其治淮南王書，方以推究經訓，蒐采許注，拾補高誘（一三四四一頁五至六行）

按：方當作力，誘當作注。

列傳二百七十三　忠義一

九頁前十一行　討流冠（一三四六六頁一行）

按：冠當作寇。

十頁前十二行　豪格遺古朗阿擊之（一三四六七頁十四行）

按：遺當作遣。

十頁後三行　閒敵（一三四六八頁二行）

按：敵當作散。

列傳二百七十四　忠義二

九頁後十一行　拔刀自刓死（一三四八八頁十五行）

按：刓當作刎。

列傳二百七十五　忠義三

十頁後十行　向隆跳（一三五〇八頁七行）

按：跳當作逃。

十一頁後六行　及撲鬧楊坪邊隘（一三五〇九頁十四行）

按：鬧當作鬪，从鬥不从門。

十七頁後七行　近縣甯陽、桂陽民（一三五二〇頁八至九行）

按：甯陽當作甯遠。

列傳二百七十六　忠義四

五頁後十二行　世顯至（一三五三三頁十四行）

按：顯當作焜。

六頁前十一行　徧諭居民團練設坊（一三五三四頁十行）

按：團當作團。坊當作防。

十一頁前十三行　閩防嚴（一三五四三頁十一行）

按：防下當有解字。

十四頁前十三行　捻首張落刑（一三五四八頁十五行至一三五四九頁一行）

按：落刑本書他處皆作洛行。

十六頁後六行　逐延入幕（一三五五二頁十五行）

按：逐當作遂。

二十一頁前九行　奪力奪西門入（一三五六一頁一行）

按：奪力當作奮力。

二十二頁前六行　以常州爲蘇浙浙門户（一三五六二頁九行）

按：重一浙字。

二十二頁後一行　循化、巴燕戎格撤拉回族（一三五六三頁三至四行）

按：撤當作撒。

列傳二百七十七　忠義五

八頁後十二行　庀材鳩胥，捐廉爲之（一三五七八頁十五行）

按：鳩下當有工字。

九頁前七行　請帑勸分（一三五七九頁七至八行）

按：分當作捐。

十頁後十一行　傾刻成三十餘丈（一三五八二頁八行）

按：傾當作頃。

列傳二百七十八　忠義六

八頁前五行　直前摶賊（一三六〇九頁十至十一行）

按：摶當作搏。

十六頁前七行　馳赴守城守（一三六二四頁一行）

按：赴下守字衍。

列傳二百七十九　忠義七

二頁後四行　張先生士義乃下交（一三六三一頁十一行）

按：士義二字當作繼庚。

七頁前十一行　三俊既弧軍深入（一三六四一頁一行）

按：弧當作孤。

十一頁前十二行　咸豐四年，粵城陷鉅野（一三六四七頁六行）

按：城當作寇。

十六頁前九行　餘鄗（一三六五六頁八行）

按：鄗當作黨，下同。

十八頁後七行　豐咸三年（一三六六〇頁十二行）

按：當作咸豐。

列傳二百八十　忠義八

四頁前六行　均在廳值瑞（一三六八三頁十二行）

按：瑞當作班。

列傳二百八十一　忠義九

列傳二百八十二　忠義十

五頁後五行　賴宜瀚手反（一三六九九頁四至五行）

按：手當作平。

九頁前五行　昭義泣涕受命（一三七〇五頁十行）

按：義當作益。

十三頁後十行　廣東陸路提調秦炳直（一三七一三頁十三行）

按：調當作督。

十八頁後十一行　鉞於秦州各官獨憚玉潤忠鯁（一三七二三頁九至十行）

按：鉞，上文作越。

列傳二百八十三　孝義一

三頁後六行　灝年十六，割股和醫進（一三七三三頁八行）

按：醫當作藥。

三頁後十一行　世璜子文樞子超萃（一三七三三頁十二至十三行）

按上下文，文樞下當重文樞二字。

十頁前一行　初知父有是事也（一三七四五頁十一行）

按：初下當有不字。

十二頁後五行　或言瘞枯骨，母當愈（一三七五一頁四行）

按：瘞當作瘗。

十三頁前一行　不曰（一三七五一頁十三行）

按上下文，不字誤衍。

列傳二百八十四　孝義二

二頁後十一行　早晚待父側（一三七五七頁十一行）

按：待當作侍。

六頁前十二行　部議代子父徙非舊例（一三七六四頁十一至十二行）

按：子字當在代字上。

十三頁前三行　怱有人若丐入其家（一三七七七頁十三行）

按：怱當作忽。

十三頁前四　頣下骨（一三七七七頁十三行）

按：頣當作頤。

十三頁前十三行　以嘉慶十五舉年於鄉（一三七七八頁八行）

按：舉年二字誤倒。

十六頁後一行　被歐死（一三七八四頁一行）

按：歐當作毆，下同。

十六頁後十三行　恩榮父時死未成童（一三七八四頁十五行）

按：時死二字誤倒。

十七頁後一行　四月八月（一三七八五頁十一行）

按：八下月字當作日。

十七頁後六行　假使效我而新我（一三七八六頁四行）

按：新當作斫。

列傳二百八十五　孝義三

三頁前十二行　軏流涕不已（一三七九三頁三至四行）

按：軏當作輒。

四頁前三行　崇禎末，以省祭官署昌平州吏目（一三七九四頁九行）

按：未當作末。

四頁後五行　制面，而政行有子（一三七九五頁七行）

按：面字誤出。

五頁前五行　劉將艾大選（一三七九六頁六行）

按：劉當作副。

六頁前三行　斂全贖歸（一三七九八頁二行）

按：全當作金。

六頁後二行　今惇謁景汾祖、父墓（一三七九八頁十五行）

按：今當作令。

七頁前七行　終不言齎札率（一三八〇〇頁二至三行）

按：率當作事。

列傳二百八十六　遺逸一

一頁後十行　此用刑鍜鍊刻深所致（一三八一六頁九行）

按：鍜當作鍛。

四頁前一行　今傳世者，惟邛否詩集而已（一三八二〇頁五至六行）

按：邛當作卬。

十一頁前十一行　中通，字位白（一三八三三頁十三行）

按：白當作伯。

十三頁後五行　凑離機巧（一三八三七頁十四行）

按：凑當作湊。

列傳二百八十七　遺逸二

三頁前十三行　見者爭越之曰：高士驢至矣（一三八四七頁十一行）

按：越當作趣。

五頁後九行　已濱十死（一三八五一頁十四行）

按：十當作于。

列傳二百八十八　藝術一

八頁前十二行　鍼炙之法失傳（一三八七八頁十二至十三行）

按：炙當作灸。

十頁前十二行　呂震字檁村（一三八八二頁九行）

按：檁當作橾。

十一頁前四行　皆足以啓後者（一三八八三頁十一行）

按：者當作學。

列傳二百八十九　藝術二

三頁前五行　梁同書字元頴（一三八九一頁五行）

按：宇當作字，頴當作穎。

三頁後九行　鄧石如初名，避仁宗諱，遂以字行（一三八九二頁七行）

按：初名下當有琰字。

五頁後一行　煆煉舊搨（一三八九五頁七行）

按：煆當作煅。

六頁前十三行　徐準宜書小真

按：書字當在真字下。

列傳二百九十　藝術三

八頁前八行　畫法脱俗（一三九一三頁十五行）

按：畫當作書。

列傳二百九十一 藝術四

五頁前十三行 備裁經費、工匠解額，臚列諸色甆釉，仿古採今，凡五十七種（一三九二七頁二行）

按：裁當作載。

列傳二百九十二 疇人一

一頁後九行 諸應皆從以起算（一三九三四頁九行）

按：以當作此。

二頁前一行 依數推行衍（一三九三四頁十四行）

按：推下行字誤衍。

二頁前十三行 以太陰之遲縮太陽之縮（一三九三五頁十行）

按：遲下縮字當作與。

二頁後十二行 朔望田之（一三九三六頁六行）

按：田當作用。

三頁前九行 每遇天晴霽（一三九三七頁一至二行）

按：睛當作晴。

三頁後九行　以爲深知法未可也（一三九三八頁一行）

按：法下當有意字。

三頁後十行　安其誤而不辨，不可也（一三九三八頁一至二行）

按：辨當作辨。

三頁後十行　二至者，曰日道南北之中也（一三九三八頁二行）

按：者下曰字誤出。

四頁前五行　且日食時差法之九有六（一三九三八頁九行）

按：九下脱十字。

四頁前八行　不過取便割員（一三九三八頁十一行）

按：員通作圜，下同。

四頁後五行　子午不妨異地，豈元枵鳥味亦無定位耶（一三九三九頁五行）

按：子午上脱雖字，元本當作玄，避清聖祖諱改，味當作咮。

四頁後十行　幹運古今不同（一三九三九頁十行）

按：幹當作斡。

四頁後十二行　當辨者三也（一三九三九頁十一行）

按：辨當作辨，下同。

五頁前一行　因數求理，遂會其通（一三九三九頁十三行）

按：遂當作難。

五頁前二行　月高交分本道（一三九三九頁十四行）

按：分當作於。

五頁前八行　虧復四限，望有差（一三九四〇頁四行）

按：望上當有距字。

五頁前十二行　凌犯值此，所食當以日計矣（一三九四〇頁八至九行）

按：所食當作所失。

五頁後二行　去其疵類（一三九四〇頁十一行）

按：類當作纇。

五頁後四行　而遠引占測（一三九四〇頁十三行）

按：占當作古。

五頁後十一行　南五度四十六分一十九分。（一三九四一頁五行）

按：一十九分當作一十九秒。

六頁前五行　是曉菴新法未成（一三九四一頁十二行）

按：是上當有先字。

六頁前十行 薛風祚（一三九四二頁一行）

按：風當作鳳。

六頁後十一行 閏前之月氣在晦（一三九四二頁十四行）

按：氣上脱中字。

七頁前二行 蓋孟非歸餘之終（一三九四三頁二至三行）

按：孟下脱秋字。

七頁前四行 即彼法亦在丙子子則（一三九四三頁四行）

按：子則當作子正。

七頁前七行 而今在戌正，至六刻（一三九四三頁六至七行）

按：至上脱差字。

七頁前九行 然或晦兩節氣而中氣介其間（一三九四三頁九行）

按：晦下脱朔字。節下氣字誤衍。

七頁後二行 環短以爲圜（一三九四三頁十五行）

按：短當作矩。

七頁後七行 尺算即比倒（一三九四四頁四行）

按：倒當作例。

七頁後十一行 揭暄字子宜（一三九四四頁九行）

按：宜當作宣。

七頁後十二行 璇璣遺書七卷（一三九四四頁九行）

按：書當作述。

八頁前七行 一字異，不敢忽過（一三九四五頁二至三行）

按：異下脱同字。

八頁前九行 歎其法之美（一三九四五頁五行）

按：美當作善。

八頁後三行 作大統立成駐二卷（一三九四五頁十一行）

按：駐當作注。

九頁前十二行 作黄赤距緯圖辦一卷（一三九四六頁十五行）

按：辦當作辨。

九頁後八行 曰日離（一三九四七頁八行）

按：日當作月。

九頁後十行 了鄭世子秝學（一三九四七頁十一行）

按：了當作又。

十頁前三行　求旨（一三九四八頁三行）

按：求當作奉。

十頁前七行　籥貼批語（一三九四八頁七行）

按：籥當作簽。

十頁前八行　無疵病謬（一三九四八頁七行）

按：病字衍。

十頁後三行　夫古帝有都俞吁咈四字（一三九四九頁一行）

按：帝下當有王字。

十頁後四行　亦不喜人規觀（一三九四九頁一至二行）

按：觀當作勸。

十頁後六行　則所云二百五十里（一三九四九頁四至五行）

按：里下脱一度二字。

十行後九行　而求餘一角（一三九四九頁七行）

按：角當作邊。

十二頁前四行　不可借用他物（一三九五一頁十二行）

按：物當作法。

十二頁前九行 因得其各體中校綫（一三九五二頁一至二行）

按：校當作棱。

十二頁後二行 如劉繼杜詩集（一三九五二頁六至七行）

按：杜當作莊。

十二頁後八行 皆弧角也（一三九五二頁十一行）

按：角當作度。

十二頁後十三行 一以上弧三角爲綱（一三九五三頁一行）

按：上當作正。

十三頁前三行 宜知測量合義（一三九五三頁四行）

按：合當作全。

十三頁前四行 今一以平形正儀爲主（一三九五三頁五行）

按：形儀二字當互易。

十三頁後十行 併依理差，用弧三角立算（一三九五四頁六行）

按：理當作里。

十三頁後十二行 難用多位嶼（一三九五四頁七行）

按：嶼當作歟。

十四頁前六行　河間王蘭生（一三九五五頁一行）

按：河間下脱去「王之鋭交河」五字。

十四頁前十二行　彀成肆業（一三九五五頁七行）

按：業當作業。

十四頁前十三行　所著增删纂法統宗十一卷（一三九五五頁八行）

按：纂當作算。

十四頁後十行　而竊疑天元一術之頗與相似（一三九五六頁二行）

按：術之當作之術。

十四頁後十三行　明史非開（一三九五六頁六行）

按：非當作館。

十五頁前一行　史館

按：史館二字誤衍。

十五頁前九行　今擬取天文家精妙信也擬削之（一三九五六頁十三至十四行）

按：此處脱誤，不成文理，今略訂之，當作「今擬取天文家精妙之説著于篇，其不足信者擬削之」。

十七頁前四行　思之累日，而後得用帶縱方立求句股二法（一三九五九頁十二行）

按：方立當作立方。

十七頁前八行　然算之。（一三九六〇頁二行）

按：然下當有後字。

十八頁前五行　仍杜氏（一三九六一頁十行）

按：杜氏下當有原法二字。

十八頁前七行　求得三四六七八十諸（一三九六一頁十一至十二行）

按：三當作二，七字誤衍。

十八頁後十一行　全弧通弦之數（一三九六二頁十二行）

按：數字下脱去「以一分三分弧通弦求五分全弧通弦之數」十七字。

同行　十分自乘得百分（一三九六二頁十三行）

按：百分下脱去「十分百分相乘得千分」九字。

十九頁前一行　六率八十分之一（一三九六二頁十五行）

按：六率上當有加字。

十九頁前七行　兩數兩相乘（一三九六三頁五行）

按：兩下數字衍。

十九頁後九行 第十六字「五」當作「二」。（一三九六四頁三行）

二十頁前五行 劉生好學精思進，啓予不逮（一三九六四頁十四行）

按：精下思字衍。

二十頁後十行 所以盡天方諸數之變（一三九六六頁一行）

按：天方當作立方。

二十一頁後三行 知此即可以知求句、股、各無零數法（一三九六七頁五行）

按：股下脱弦字。

二十一頁後十行 其次則求截股弦分兩之法（一三九六七頁十至十一行）

按：股字誤衍。

二十一頁後十二行 小股与大句同類者（一三九六七頁十二行）

按：類當作數。

二十二頁前一行 又削形求全（一三九六七頁十四行）

按：又字衍。

二十二頁後十行 其後得甘泉羅士力爲表章（一三九六九頁四至五行）

按：土下脱琳字。

二十三頁前二行 較爲小弦（一三九六九頁九行）

按：較上當有借字。

二十三頁前九行 爲大小 兩弧之兩弦分（一三九六九頁十五行至一三九七〇頁一行）

按：弦分二字誤倒。

二十三頁後九行 胡旱春（一三九七〇頁十四行）

按：旱當作早。

二十四頁前一行 冬至日躔不作原宿（一三九七一頁四行）

按：作當作在。

二十四頁前二行 今則普天星座皆動（一三九七一頁五行）

按：則當作測。

二十四頁前十二行 七政躔于過各宮（一三九七一頁十三行）

按：過字誤衍。

二十四頁前十三行 春秋而分（一三九七一頁十四行）

按：而當作二。

二十四頁後四行　由今箕以上溯古虛五（一三九七二頁三至四行）

按：箕下當有一字。

列傳二百九十三　疇人二

一頁後一行　圖九，望，海島舊有圖解（一三九七三頁末行）

按：望下脱遠字，望遠爲九圖之一，海島經舊有之。

二頁前七行　裔采取江西刻本削去圖草（一三九七五頁二至三行）

按：裔當作喬。

二頁後二行　皆作玄積（一三九七五頁十行）

按：玄當作立。

四頁後十行　隅實同名（一三九七七頁五行）

按：同當作異。

五頁後六行　修議象考成續編（一三九八〇頁十二行）

按：議當作儀。

六頁前六行　以博百其趣（一三九八一頁十二行）

按：百字誤衍。

六頁前八行　近蕉理堂所釋尤誤（一三九八一頁十四行）

按：蕉當作焦。

六頁前十行　取徑頗歽巧（一三九八一頁十五行）

按：歽字誤出。

九頁前十三行　在都中從鍾祥李學（一三九八七頁三行）

按：李下脱潢字。

九頁後十一行　令出學者茫不解其所謂（一三九八七頁十五行）

按：出當作初。

十頁前九行　第三術以勾股較比股（一三九八八頁十一行）

按：勾下股當作弦。

十頁後二行　與人意不謀而合（一三九八九頁二行）

按：人當作杰。

十頁後七行　徐有補之（一三九八九頁七行）

按：徐有當作徐君青。

十頁後八行　天方圜之率不相通……去法用半徑（一三九八九頁八至九行）

按：天當作夫，去當作古。

十頁後十一行 所用弦綫位多（一三九八九頁十行）

按：弦當作弧。

十一頁後三行 友人羅寅交學博，演賓（一三九九〇頁十三行）

按：演當作洪。

十二頁後十三行 句乘較乘（一三九九三頁三行）

按：句下乘當作弦。

十三頁後一行 曰分濾（一三九九四頁三行）

按：濾當作瀘。

十三頁後十二行 自譔言厤法書（一三九九四頁十四行）

按：書當作者。

十四頁前九行 直源（一三九九五頁九行）

按：直當作求。

十四頁前十行 究員、箭積參之爲定率（一三九五五頁十行）

按：積下當有交字。

十四頁後一行 金田，鎖套容中（一三九五五頁十四行）

按：奆下脱吞字。

十五頁前一行 又玉鑒畹田之畹（一三九九六頁十至十一行）

按：畹當作畹，兩處。

十五頁前九行 又玉鑒果垛疊第十四問（一三九九七頁二行）

按：疊下脱藏字。

十五頁前十二行 别記刊誤於卷（一三九九七頁五行）

按：卷下脱末字。

十五頁前十三行 正切第五字誤一（一三九九七頁六行）

按：第五字下脱○。

十五頁後一行 正切第五字誤六（一三九九七頁七行）

按：第五字下脱○。

十五頁後二行 正切第七字九誤（一三九九七頁八行）

按：誤字下脱○。

以上三條，脱去三個○，則不知所誤者爲何物矣，皆當補入。

十五頁後十一行 取内容方邊員股（一三九九八頁二至三行）

按：股當作徑。

十六頁前七行　綴數輯補（一三九九八頁十行）

按：數當作術

十六頁後四行　知占經少三十六千年（一三九九九頁五至六行）

按：三十六千當作三千六十。

十七頁前七行　周員内容六邊形（一四〇〇〇頁六至七行）

按：周當作用。

十七頁前十三行　李氏深源（一四〇〇〇頁十二行）

按：深當作探。

十七頁後九行　動重學（一四〇〇一頁五行）

按：學字下脱去「流質重學」四字。

十八頁前二行　得望溪、惜抱相傳（一四〇〇一頁十一行）

按：相傳下脱去「古文義法」四字。

十八頁前四行　授之歌厥（一四〇〇一頁十三行）

按：歌當作剞。

十八頁後十三行　又綴譔術釋明二（一四〇〇三頁五行）

按：綴譔二字誤倒，二下脱卷字。

二十頁後八行　循序員一帀（一四〇〇六頁四行）

按：序字誤衍。

二十一頁前十行　猶精天文歷算（一四〇〇七頁四行）

按：猶當作尤。

二十一頁後七行　歆與焬公、獻公等年分多所加（一四〇〇七頁十二至十三行）

按：與當作於。

二十一頁後十一行　以體積論桌氏爲量（一四〇〇八頁一至二行）

按：桌當作㮚。

二十二頁前七行　今踰十歲（一四〇〇八頁十一行）

按：歲當作載。

二十二頁前八行　天文文可坐而推（一四〇〇八頁十三行）

按：誤衍一文字。

二十二頁後一行　横九格（一四〇〇九頁三行）

按：格當作幅。

二十二頁後四行　其一在圜外視法員法（一四〇〇九頁六行）

按：視下法字誤出。

二十二頁後五行 其形中曲旁狹（一四〇〇九頁八行）

按：狹當作殺。

二十三頁前三行 曰折分大日晷（一四〇一〇頁二行）

按：折當作析。

二十三頁前十一行 曰論平歸大海地平界角（一四〇一〇頁十行）

按：歸當作陽。

二十三頁後一行 書數於兩尺，相併而伸縮之（一四〇一〇頁十四行）

按：書當作晝。

二十三頁後六行 中間有礙故焉（一四〇一一頁四行）

按：焉當作也。

二十三頁後十三行 同治三年，嵩燾特疏薦之（一四〇一一頁十一行）

按：嵩上當有郭字，燾當作燾。

二十四頁前十行 善蘭以歐九里幾何原本十三卷、續二卷，明時譯得六卷云云（一四〇一二頁五行）

按：歐九當作歐几，今稱歐几里德。

二十四頁前十一行　其第十卷猶玄奥，未易解（一四〇一二頁六行）

按：猶當作尤。

二十五頁前一行　第十二卷論各種算學，不外乎加、減、乘、除（一四〇一三頁八行）

按：論字上當有一字。

二十五頁後八行　必能使繁者簡（一四〇一四頁十行）

按：簡上當有爲字。

二十六頁前三行　已定供吾之用（一四〇一五頁三行）

按：定當作足。

二十六頁前九行　亦猶亞基默得之之墓刻（一四〇一五頁八行）

按：誤重一之字。

列傳三百九十四　列女一

三頁後一行　故春秋書紀履緰來逆女（一四〇二一頁一行）

按：晝當作書。

四頁後五行　尹公弼李妻（一四〇二三頁二行）

按：李妻二字當乙轉。

六頁前十三行 冬寒皸瘃（一四〇二六頁七行）

按：瘃當作瘃。

八頁後八行 與族人礎、挺九月隙（一四〇三一頁三行）

按：月當作有。

九頁後二行 途人或言璠間有幼女死焉（一四〇三二頁十二行）

按：璠當作墦。

十二頁後十一行 姑泣劉語（一四〇三九頁十三行）

按：劉語二字誤倒。

十七頁前四行 持就煆，晛火察純窳（一四〇四八頁十四行）

按：煆當作煅，晛當作晛。

十九頁前一行 舊有譖（一四〇五二頁七行）

按：譖當作讚。

列傳二百九十五 列女二

五頁前八行 楊芳勛妻劉（一四〇六八頁四行）

按：劼當作勖。

五頁前十一行　胡年十五，爲嫠八十年（一四〇六八頁八行）

按：胡當作董。

五頁後八行　左耳完且晢（一四〇六九頁三行）

按：晢當作晳。

六頁後四行　大震娶婦舉子，王乃卒（一四〇七〇頁十五行）

按：王當作尤。

八頁後十行　身衰經（一四〇七五頁十一行）

按：經當作絰。

九頁後五行　激大甎（一四〇七七頁六行）

按：激當作擲。

十二頁後十三行　我豈不欲全（一四〇八四頁三行）

按：全當作合。

十三頁前十行　守節求夫，裨風化（一四〇八四頁十四行）

按：裨上脱有字。

二十頁前十一行　吴不知其在亡（一四〇九八頁十三行）

按：在當作存。

二十二頁後九行　縱謂多行露兮（一四一〇三頁十二行）

按：多行二字當互易。

列傳二百九十六　列女三

十三頁後三行　蒐光世藏書授二子（一四一二九頁十行）

按：光當作先。

十三頁後四行　未行而夫死，誓不家（一四一二九頁十二行）

按：家當作嫁。

十七頁後二行　書雲精針炙（一四一三七頁十行）

按：炙當作灸。

二十頁前十一行　鄒延玠妻吴，武進人（一四一四三頁十行）

按：吴字下文皆作周，目録亦作鄒延玠妻吴，未知孰是。

列傳二百九十七　列女四

四頁後一行　立待竟日（一四一五四頁九行）

按：待當作侍。

四頁後十三行　曷罄衷腸（一四一五五頁六行）

按：腸當作腸。

五頁後十二行　四家比立如鱗次（一四一五七頁五行）

按：家當作冢。

八頁後十三行　故末敢爾（一四一六三頁三行）

按：末當作未。

九頁後四行　曰昳過門（一四一六四頁七行）

按：曰當作日。

十一頁後十一行　並以姑迫與惡少暱，自殺（一四一六九頁六行）

按：暱當作暱。

十三頁後十一行　使興旺劙其頸，若自戕（一四一七三頁六至七行）

按：依上文，興當作顯。

十三頁後十三行　杙椓下體死（一四一七三頁十行）

按：椓當作椓。

十六頁前七行　出郭獲麥（一四一七八頁七行）

按：獲當作穫。

二十三頁後十三行　得巨室子（一四一九三頁八行）

按：得巨室子四字，語意不顯，子下疑當有之字，得巨室子之者，言得巨室養以爲子也。

二十四頁後二行　傭縣中李可還家，爲其子慜乳母（一四一九四頁十二行）

按：此云乳李氏子，下文又云全龐氏子，李、龐二字必有一誤。

二十六頁後八行　所部僉警服（一四一九九頁三至四行）

按：警當作讋。

列傳二百九十八　土司傳一　湖廣

一頁前十一行　彈天下力（一四二〇四頁一行）

按：彈當作殫。

列傳二百九十九　土司傳二　四川

一頁後二行　刻期戚事（一四二一八頁四行）

按：戚當作蕆。

十九頁前九行　復率士民歸附（一四二五〇頁一四行）

按：士當作土。

列傳三百　土司傳三　雲南

一頁前三行　光武即授以印綬（一四二五五頁正文一行）

按：光武上當有漢字。

一頁後七行　袤千餘里（一四二五六頁九行）

按：袤當作袤。

三頁前四行　浪穹縣（一四二五九頁六行）

按：縣字下當空一格。

列傳三百一　土司傳四　貴州

八頁前十行　宋運鴻，清順治十五年歸附（一四二八三頁九行）

按：宋運鴻上當有傳至二字。

列傳三百二　土司傳五　廣西

四頁後二行　隸甯（一四三〇〇頁十三行）

按：甯上當有南字。

列傳三百三　土司傳六　甘肅

一頁前十一行　今以百年（一四三〇三頁末行）

按：以當作已。

一頁後十三行　撤回叛亂（一四三〇五頁三行）

按：撤當作撒。

列傳三百四　藩部一

四頁前十一行　賓圖（一四三二五頁三行）

按上文作冰圖。

五頁後八行　札賚特部（一四三二七頁七行）

按：此部當提行。

六頁前十行　哈薩克裔（一四三二八頁六行）

按：克當作爾。

六頁後三行　有黑龍省（一四三二八頁十一至十二行）

按：龍下當有江字。

六頁後五行　有屬人等（一四三二八頁十三行）

按：有當作省。

列傳三百五　藩部二

二頁後三行　領取蒙古資木貿易（一四三三九頁十四行）

按：木當作本。

八頁前十三行　附固山貝子（一四三四九頁十四行）

按：子下當有一字。

十一頁前五行　復論烏珠穆沁（一四三五四頁七行）

按：論當作諭。

十二頁前七行　五十四所部歉收（一四三五六頁五行）

按：五十四下當有年字。

十二頁後二行　綽爾衮尼（一四三五六頁十三行）

按：尼當作居。

十二頁後四行　徙牧齊海北（一四三五六頁十四行）

按：齊當作瀚。

十三頁前九行　偕浩齊特、阿巴噶、阿巴哈納爾部長董牧務（一四三五八頁二至三行）

按：部長上當有諸字。

十三頁後十一行　其地當漠南北之衡（一四三五九頁一行）

按：衡當作衝。

十五頁前四行　阿巴給納爾部（一四三六一頁三行）

按：給當作哈。

十五頁後一行　五色稜墨爾根亦來歸（一四三六一頁十三行）

按：五下當有年字。

列傳三百六　藩部三

一頁前十行　子西（一四三六三頁正文四行）

按：西當作四。

七頁後七行 爲將軍達爾所濟劾（一四三七四頁十三行）

按：所濟二字誤倒。

八頁後十二行 回匪又大入，鹽海子（一四三七六頁十二行）

按：鹽上當有昭字。

九頁前十一行 十五（一四三七七頁九行）

按：十五當作十年。

十頁後九行 右翼前末旗十三（一四三七九頁十一行）

按：據上文，右當作左。

十一頁前十行 騰機思判（一四三八〇頁十一行）

按：判當作叛。

十五頁前二行 汝其恩之（一四三八六頁九行）

按：恩當作思。

十六頁前三行 年羹堯奉遣歸游牧（一四三八八頁九行）

按：奉下當有諭字。

十七頁前四行 故於民其便（一四三八九頁十五行）

按：其當作甚。

同行　特梃格鬥（一四三八九頁十五行）

按：特當作持。

列傳三百七　藩部四

二頁後六行　復遺内大臣費楊古往賑（一四三九八頁四行）

按：遺當作遣。

五頁前八行　劫内地往烏梁海貿商民（一四四〇二頁六行）

按：貿下當有易字。

五頁前十二行　並令部落每年白汗、王至公（一四四〇二頁九至十行）

按：白當作自。

五頁後三行　興兵搆畔（一四四〇二頁十二行）

按：畔當作衅，下同。

五頁後六行　恰克圖（一四四〇二頁十五行）

按：恰字上當有赴字。

七頁後四行　改征作仿（一四四〇六頁二行）

按：仿疑當作防。

十頁前十二行　以飭（一四四一〇頁九行）

按：以當作並。

十三頁後一行　請傳肯嘉獎（一四四一五頁十行）

按：肯當作旨。

十四頁後十行　詔歲頁九白（一四四一七頁十五行）

按：歲下頁字當作貢。

十六頁後十行　並未展佔（一四四二一頁六行）

按：展上疑當有外字。

二十五頁前八行　遺使謝罪（一四四三五頁二行）

按：遺當作遣。

二十六頁前十三行　亦且垂先史册矣（一四四三六頁十五行）

按：先當作光。

同行　是扎薩克圖汗（一四四三七頁一行）

按：是字上當有先字。

二十七頁後十行　温旨部之（一四四三九頁四行）

按：部當作卻。

列傳三百八 藩部五

一頁後四行 四部落（一四四四頁六至七行）

按：四下脱子字。

二頁後四行 年皆杜裔也（一四四五頁十五行）

按：年字疑誤衍。

二頁後十三行 對綽囉斯汗（一四四六頁八行）

按：對當作封。

五頁後十一行 此後永讐絶之（一四五一頁五行）

按：讐當作誓。

九頁前四行 欲誣罪（一四五六頁七行）

按：罪上當有以字。

十頁後七行 又羅卜藏丹津之吹宰桑（一四五九頁一行）

按：吹字誤出。

十一頁前十二行 歸阿拉善後（一四六〇頁二行）

按：後上當有山字。

十三頁後五行 詔酌賞遣歸兵（一四四六三頁十二行）

按：兵字誤出。

十四頁前六行 十九年（一四四六四頁十一行）

按：當作二十九年。

列傳三百九 藩部六

一頁後十二行 奉己令諭給諸貢使符驗（一四四七四頁十四行）

按：令諭二字當互易。

七頁前十一行 窮迫（一四四八三頁九行）

按：迫當作追。

八頁後六行 布圖車（一四四八五頁四行）

按：車當作庫。

九頁前十二行 歸誠（一四四八五頁十行）

按：誠當作誠。

十二頁前十二行 札哈沁甫定牧一之生計（一四四九一頁十一行）

按：一當作畜，生字誤衍。

十二頁後二行　撒出佐領（一四四九一頁十四行）

按：撒當作撤。

十三頁前八行　台搶（一四四九三頁一行）

按：當作搶台。

十三頁後一行　若使絡繹（一四四九三頁七至八行）

按：若當作信。

十九頁前九、十行　以部是二旗（一四五〇二頁十五行）

按：部是二字當互易。

二十一頁後十三行　舊收（一四五〇四頁十三行）

按：收當作牧。

列傳三百十　藩部七

二頁前十三行　咸豐年（一四五一三頁十一行）

按：年上脱去一字。

二頁後八行　屢勘（一四五一四頁三行）

按：屨當作履。

六頁後九行　十一月，克烏梁海云云（一四五二〇頁八行）

按：克疑當作命。

十頁前二行　撥常經年費（一四五二五頁八行）

按：經年二字當互易。

十頁前十一行　阿爾泰淖爾（一四五二六頁三行）

按：自此以下當别起提行，此處誤連上文，其下又誤分起止。

十頁後一行　有持勒伯克札爾（一四五二六頁六行）

按：持當作特。

列傳三百十一　藩部八　西藏

六頁後十二行　分兵寨險（一四五三九頁一行）

按：寨當作塞。

七頁前八行　察本多（一四五三九頁十行）

按：本當作木。

七頁後十行　山隔大山（一四五四〇頁十行）

按：上山字當作中。

七頁後十一行　故防守猶要（一四五四〇頁十一行）

按：猶當作尤，下同。

八頁後十二行　策布登布（一四五四〇頁十一行）

按：登下布字衍。

九頁後十二行　珍慶不可勝計（一四五四三頁十五行）

按：慶當作寶。

十頁後一行　是月，陷冠之第巴博爾東自陽布回藏（一四五四四頁十三至十四行）

按：冠當作寇。

十一頁後十三行　挈定（一四五四七頁四行）

按：挈當作掣。

十二頁前一行　遺章嘉胡圖克圖（一四五四七頁四行）

按：遺當作遣。

十二頁前七行　宥哲孟雄者（一四五四七頁十行）

按：宥當作有。

十五頁前十一行　唐古時（一四五五二頁八行）

按：時當作特。

十五頁後八行 以贍封歸各土司侵地（一四五五三頁四行）

按：封當作對。

十六頁後二行 親至前藏熬招（一四五五四頁七行）

按：熬當作攢。

十七頁前六行 厚加厚賚（一四五五五頁八至九行）

按：下厚字當作賞。

十七頁前九行 實在實情形也（一四五五五頁十一行）

按：下實字衍。

十七頁後六行 請勿燒兵（一四五五六頁五至六行）

按：燒疑當作進。

十八頁後五行 稱爲西金玉（一四五五七頁十四行）

按：玉當作王。

十九頁前六行 乞告使（一四五五八頁十二行）

按：使上當有英字。

二十頁前九行 親往歸前攢招（一四五六〇頁八至九行）

按：歸前當作前藏。

二十一頁後十三行 並派兵駐勦（一四五六三頁三行）

按：駐當作驅。

二十二頁前十一行 其他在西（一四五六三頁十四行）

按：他當作地。

二十二頁前十二行 設爲

按：此二字誤出。

二十二頁後四行 寶利夏（一四五六四頁四行）

按：寶當作費。

二十二頁後七行 又力辦主國上國之據（一四五六四頁六行）

按：辦當作辨。

二十三頁前三行 中國家（一四五六四頁十四行）

按：家字上當重一國字。

同行 干沙（一四五六四頁十四行）

按：沙當作涉。

二十三頁前九行 英人始無亂（一四五六五頁四行）

按：亂當作辭。

二十三頁前十一行　開埠事時事（一四五六五頁六行）

按：時事二字誤衍。

二十三頁後七行　可在便以貨物或銀錢交易（一四五六五頁十四行）

按：在當作任。

二十五頁後七行　賚敕（一四五六九頁二行）

按：賚當作賫。

二十五頁後十行　概從擾異（一四五六九頁四行）

按：擾當作優。

二十五頁後十三行　輩平復（一四五六九頁七行）

按：輩當作俟。

二十七頁前六行　前官小營二十五（一四五七一頁七行）

按：官當作藏。

二十八頁前八行　曰曰三納拉巴（一四五七三頁三行）

按：誤重一曰字。

列傳三百十二 屬國一

七頁後六行 十日（一四五八七頁五行）

按：日當作月。

十七頁前十行 亦經元年（一四六〇二頁十四行）

按：年當作帝。

十八頁後七行 一恤日本被害人（一四六〇五頁一至二行）

按：一當作二。

二十三頁後十一行 撤兵（一四六一三頁三行）

按：撤當作撤。

二十六頁前九行 副禮官（一四六一七頁五行）

按：禮當作理。

二十七頁前四行 王楫（一四六一八頁十一行）

按：王當作汪。

二十七頁前十一行 甚水米俱盡（一四六一九頁二行）

按：甚下當有至字。

三十頁後八行　北部中有八部（一四六二四頁十二行）

按：八部當作八島。

列傳三百十三　屬國二

三頁後二行　懷遠之仁矣（一四六三一頁十一行）

按：矣字誤衍。

五頁後二行　且娶以女（一四六三四頁十五行）

按：娶當作妻。

五頁後十三行　共十分三道（一四六三五頁十一行）

按：十分二字當互易。

八頁後一行　下莅民泯（一四六三九頁十二行）

按：泯當作氓。

十頁前十二行　女弟婦（一四六四二頁十四行）

按：婦當作歸。

列傳三百十四　屬國三

四頁前十二行　遂走犯猛卯（一四六六六頁十四行）

按：猛卯下當重猛卯二字。

十七頁前十一行　即行文交部（一四六八八頁一行）

按：交上當有外字。

二十一頁前十三行　保其土字（一四六九四頁十二行）

按：字當作宇。

列傳三百十五　屬國四

八頁前九行　趺坐（一四七一七頁六行）

按：趺當作跌。